社会治理现代化与社会工作新使命研究

残疾人社会工作项目实践与探索

徐金凤　孙鸿平　编著

華東理工大學出版社
EAST CHINA UNIVERSITY OF SCIENCE AND TECHNOLOGY PRESS
·上海·

图书在版编目(CIP)数据

残疾人社会工作项目实践与探索 / 徐金凤,孙鸿平编著. —上海:华东理工大学出版社,2024.4
ISBN 978-7-5628-7072-2

Ⅰ.①残… Ⅱ.①徐… ②孙… Ⅲ.①残疾人—社会工作—研究—中国 Ⅳ.①D669.69

中国国家版本馆 CIP 数据核字(2023)第 212602 号

内 容 提 要

残疾人社会工作是社会工作的重要实务领域之一,而项目制是我国政府购买社会工作服务的重要形式之一。本书分为两部分:前两章是概论编,具体阐述残疾人社会工作的有关理论知识和项目设计原理;后八章是实务编,以上海市嘉定区残疾人联合会近些年购买的残疾人社会工作项目为目标对象,通过运用社会工作的理念和方法对不同类型的残疾人项目开展多元化的实践探索,梳理和分析项目设计框架与介入路径,总结和提炼项目实施成效与综合效能,深入思考面临的不足并探索制定发展策略,归纳总结本土残疾人社会工作项目的经验性知识和适用性技术。本书主要介绍残疾人社会工作项目案例,突出实务性和指引性,以裨本土残疾人社会工作的开展。

策划编辑 / 刘　军
责任编辑 / 秦静良
责任校对 / 张　云
装帧设计 / 徐　蓉
出版发行 / 华东理工大学出版社有限公司
地址:上海市梅陇路 130 号,200237
电话:021-64250306
网址:www.ecustpress.cn
邮箱:zongbianban@ecustpress.cn
印　　刷 / 上海新华印刷有限公司
开　　本 / 710 mm×1000 mm　1/16
印　　张 / 13.75
字　　数 / 190 千字
版　　次 / 2024 年 4 月第 1 版
印　　次 / 2024 年 4 月第 1 次
定　　价 / 88.00 元

序

社会工作是源于欧美、发展于多地的专业系统。疏解问题与助人成长的融合，助人自助与促"境"美好的兼顾，是其有别于其他助人利他活动的重要特征。社会工作在回应社会需求、协调社会关系、整合社会资源、维护社会稳定、促进社会和谐等方面具有积极作用，是文明社会不可或缺的重要职业和暖人行业。

作为贫弱群体之一，残疾人可能因先天或后天的身心功能障碍而受到社会场景和自然环境的消极影响，其所面临的困难比其他人群所遇到的更加复杂多样，因此更加需要政策性保障，也更加需要专业人才和精准服务的长期介入。残疾人社会工作不同于一般的残疾人服务。作为社会工作的有机组成部分，残疾人社会工作运用专业方法协助残疾人弥补自身缺陷、克服环境障碍、平等参与社会活动、分享发展成果，既能够以技术回应服务主体的需求，也能够以环境为导向进行价值理念的传递。

本书是结合本土实践案例进行分析的残疾人社会工作"操作指引"。从板块结构审视，本书介绍了残疾人社会工作的基本内涵，说明了其项目策划与管理流程，由浅入深地解析了面向不同残疾人的实操案例。从理论方法审视，本书包括个案社会工作、小组社会工作和社区社会工作三大实务方法，对社会工作研究、社会工作督导等领域也有所涉猎。从叙述视角审视，本书聚焦了多个事实性案例，从视障残疾人、精神障碍残疾人、肢体障碍残疾人、残疾人家属等特定人群出发，采集特殊案例，进行专业研究，展现了上海市嘉定区残疾人联合会近些年来在残疾人社会工作方面开展服务的成果。

本书作者长期从事残疾人社会工作的实践与研究，因此具有独特的批判性思考。作者力挖自身资源，坚持理论与实践相结合，立足本土残疾人社会工作实践而建构“话语体系”的积极行动，已在本书中得以良好体现，也得到了中共上海市嘉定区委、上海市嘉定区政府、上海市嘉定区残疾人联合会的支持和认可。

本书的出版有其学术意义和社会价值。一是展示了残疾人社会工作的实践探索，进一步丰富了既有的残疾人社会工作研究。二是基于“本土化—实践性”思路，进行不同类型残疾人的比较研究，解读针对残疾人的精细化服务，将理论用于实践，并力求多方面创新。

本书是对作者们多年工作的总结提炼，将给从事残疾人事务的社会工作者、社会组织和政府部门以专业启示，也会给参与此事的其他有兴趣者带来积极启示！

复旦大学社会工作学系

2021年11月

目　录

第一部分　概论编

第二部分　实务编

第一部分

概论编

第一章　残疾人社会工作概述

根据《中国残疾人事业研究报告（2022）》数据，我国有 8 500 万残疾人，是世界上残疾人口最多的国家。这一群体的康复、教育、就业、社会融入等都需要社会保障和服务。作为社会建设和发展中的重要服务力量，社会工作者的主要服务群体之一就是残疾人及其家庭，工作和服务内容就是做好残疾人的社会保障。

第一节　残疾与残疾人

一、残疾的概念和残疾的分类

残疾人是一个特殊困难群体，需要格外关心和关注。残疾人的生活往往受到社会或者自然环境条件的限制，在日常生活、特殊教育、医疗诊治、社区照顾、社会康复、社会救助和心理健康等方面，面临着多重困难与障碍。政府和社会应该从残疾人的权利（如司法权、政治权和社会权等）出发，大力推进残疾人社会工作,共建、共治、共享和谐的“全纳”社会。

(一)残疾的概念

“残疾”不仅是一个医学层面的概念,还是一个社会层面的概念。对于“残疾”概念的理解与认知,直接关系到用何种观点对待残疾人,也关系到用何种方法开展残疾人社会工作,更关系到一个国家的残疾人事业的兴衰。残疾概念的发展演变也反映着一个国家或社会文明进步的程度。

1. 残疾概念的界定

残疾现象是人类文明和社会进步过程中所付出的一种社会代价。人类自出现在地球上起,便面临着生存与发展的问题,要获取食物,要繁衍生息,就要和各种凶猛的野兽搏斗,就要不顾艰险跋山涉水,因而免不了受伤致残。随着生产力的发展和社会的进步,人类在越来越复杂的生产劳动中可能随时受到伤害。从医学角度来看,“残疾”是由先天或后天疾病、意外伤害等造成的人体结构、生理功能的异常或缺失,从而损害其生活、学习和工作的能力,无法正常担负起家庭和社会责任。

在中国古代,“残”是特指因伤致残,多数是指人为的残害,一般泛指外伤性损害导致肢体或器官缺损或功能损失;“疾”是指生理或心理方面的病态。几千年来,“残”一直与“废”联系在一起。残疾一般被称为“残废”或“废疾”,这在古代文献中比比皆是。到了唐代,“残疾”一词在文献中出现,其兼指“残废”和“疾病”两种病态。直到20世纪80年代,残疾人事业在改革开放的大好形势下迅猛发展,广大残疾人表现出自己的聪明才智,残而不废,为社会做出了重要贡献,“残废”这个带有强烈情感倾向甚至侮辱性的名词才被废除。

受到经济和文化背景差异的影响,各国对于残疾的定义也各不相同。布里金和利迪亚德(Brechin and Liddiard, 1981)总结指出,可能有23种专业定义涉及残疾人个体。汤森(Townsend, 1979)将这些定义分为畸形或损失、临床症状、功能限制、异常和不利条件五大类。1980年,世界卫生组织出版的《国际残损、残疾和残障分类》(*International Classification of Impairment, Disability and Handicap*, ICIDH),将残疾分为残损(impairment)、残疾

(disability,就狭义上而言)和残障(handicap)三种。

(1) 残损

残损又被称为病损,是指各种原因导致人的生理、心理和解剖结构的部位受到了损害,包括智力病损、心理病损、语言病损、听力病损、视力病损、内脏病损及畸形等。残损是残疾发生、发展过程中的第一步,它可能转变为失能,也可能直接导致残障。残损的结果可能是永久性的,也可能是暂时性的。

(2) 残疾(狭义上)

残疾(狭义上)又被称为失能,是指病损或某些疾病致使人体某些功能降低,影响人使之无法正常生活,包括行为失能、语言失能、运动失能等。失能是残疾发生、发展的第二步,它可能进一步发展为残障。狭义上的残疾具有双向性,既可能加重发展,也可能康复。

(3) 残障

残障是指病损或失能导致个人日常生活中和参与正常社会活动时面临障碍,甚至影响社会功能的正常发挥。残障包括识别残障(无法辨别人、地、时)、躯体残障(无法活动、生活不能自理)、运动残障、职业残障、社交活动残障、经济自给残障等。此时,社会、家庭和环境对残障的影响很大,良好的社会和家庭支持、系统合理的康复治疗可以减轻残障的程度。

ICIDH 对疾病的后果进行了描述和分类。如图 1-1 所示,它描述了一般残疾由残损到残疾(狭义上)再到残障的发生、发展过程。在这个过程中,良好的残疾预防与康复工作可以促使残疾向好的方向转化,因此它为残疾预防和康复提供了一个指导性框架。

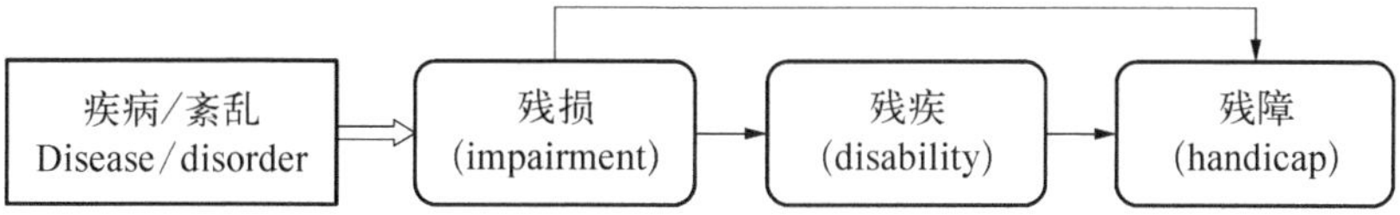

图 1-1　国际残损、残疾和残障分类模型

随着人口的老龄化、卫生保健事业的不断发展、国际残疾人活动的活跃开展,卫生保健的重点从急性、传染性疾病转移到慢性、非传染性疾病。医疗服务的重点随之从治疗转移到保健,并以提高处于疾病状态的人们的生活质量为目的。ICIDH 在促进医学发展的同时,也显示了其不足之处:一是虽然从生物、个人和社会角度思考了失能,但忽略了环境因素(如物理环境、家庭环境、社会环境等)和患者个体因素所产生的影响;二是评定结果只能定性,不能量化。因此,该分类在实际使用中有很大的局限性。ICIDH 已不能满足卫生与康复事业发展的需要,迫切需要根据变化的形势做出相应调整。1996 年,世界卫生组织(WHO)制定了新的残疾分类系统,称为《国际残损、活动和参与分类》(*International Classification of Impairment, Activity and Participation*)。为了保持与 ICIDH 的连续性,我们将这一新的分类系统简称为 ICIDH－2。ICIDH－2 从身体健康状况(impairment)、个体活动(activity)和个体的社会功能(participation)三个维度考察残疾的概念,还加入了社会情境这一影响因素,为残疾人工作提供了一个全新的理论视角。与 ICIDH 相比,ICIDH－2 对有关残疾的信息和社会对残疾的反应提出了更好的说明,从而为残疾人提供了更多平等参与的机会,使残疾人能最大限度地参与社会生活。

WHO 意识到了在发达国家和发展中国家将"功能和残疾"作为公共卫生主要议题的重要性,着手开发了《国际功能、残疾和健康分类》(*International Classification of Functioning, Disability and Health*, ICF),并于 2001 年 5 月 22 日在第 54 届世界卫生大会上正式颁布,要求包括中国在内的 190 个成员国结合本国国情使用这一新标准。ICF 根据个体的健康状态,为结果分类提供了参考性的理论框架,如图 1－2 所示。

ICF 的核心概念是个体在特定领域内的功能取决于健康状况和背景性因素(环境因素和个人因素)之间的交互作用。这种交互作用是双向的、多维的、动态的,一种成分的变化会对其他成分产生促进或者阻碍作用,且功能受限可以用等级来标记。ICF 不仅可以对疾病、障碍或损伤进行分类,而且可用于诊断残疾和分析致残的原因，从而为制定有针对性的残疾预防措施提供参考。因此，从 ICIDH 到 ICF 的变革，标志着国际疾病分类进入一种以功能为导向、以全面健康为着眼点的全新疾病分类模式。

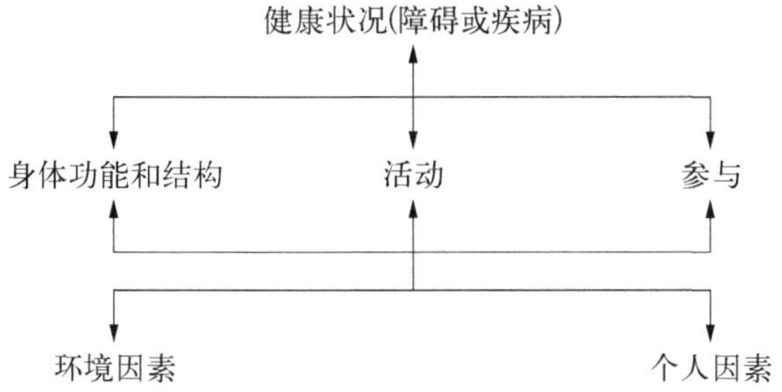

图 1－2　ICF 模型

ICF 提供了一种新的理论与应用模式，它不仅可以对疾病进行诊断，注意健康状态的结果，而且建立了一种国际性的术语系统。在我国，ICF 的理念也逐步被融入残疾的概念之中。

2. 残疾人的界定和分类

人类社会自产生起，就有残疾人。人们自然而然地就会对残疾人抱有各种不同的理解。长期以来，人们对于残疾的概念还停留在生理功能缺失或病理损害这一最初认识上，并将两者直接等同起来。因此，我国早期对残疾的理解往往与“残废”紧密联系，把残疾人称为“残废者”，这一群体被看作社会的“废弃者”，意思是“没有用的人”。由于社会的“污名化”，残疾人在经济层面被视为“累赘”，在社会层面被视为“二等公民”，因而残疾人成为“受歧视和压迫的群体”。随着 20 世纪 60 年代美国残疾人权利运动的推进，人们逐渐认识到“残疾人是人类多样性的表现”，残疾人在追求“有意义的生活方式”上与“健全人”完全一样。自此，残疾人的声音才逐渐被人们“听见”，人们也开始去反思传统的残疾观和社会给残疾人造成的伤害。

(1) 国际社会对残疾人的界定和分类

虽然残疾人在世界各国普遍存在着，但文化背景的不同使各国对残疾人的定义也不同。一些西方发达国家会把因疾病造成内脏损伤而置换人工器官的，如人工心脏、人工肛门、人工膀胱等，也列为残疾。这些国家的人们觉得这些人内脏功能有缺陷，应列入残疾人的范围。1982 年 12 月 3 日，联合国大会第三十七届会议正式通过了《关于残疾人的世界行动纲领》(以下简称《纲领》)。《纲领》规定，“残疾人系由于缺陷或残疾而处于某种不利地位，以至于限制或阻碍该人发挥按其性别、年龄、社会和文化等因素应能发挥的正常功能”。鉴于残疾人的生理功能受影响程度存在一定的区别，我们可将残疾人划分为三个等级：

① 丧失功能性残疾，主要是指自身出现结构和功能障碍导致人体丧失某种能力。

② 功能和形态残疾，主要是指意外损伤导致的后遗症对人体正常活动产生的影响。

③ 社会功能残疾，主要是指自身身体结构或者功能缺失影响正常社会活动。

(2) 我国对残疾人的界定和分类

当前，我国十分重视残疾人工作，重视对残疾人权益的保护，对残疾人的界定方法也具有科学化的特点。2008 年，全国人大常委会修订的《中华人民共和国残疾人保障法》对残疾人的定义如下：“残疾人是指在心理、生理、人体结构上，某种组织、功能丧失或者不正常，全部或者部分丧失以正常方式从事某种活动能力的人。”这里对残疾人的定义改变了过去仅仅从身体上着眼的片面看法，而是坚持以社会功能障碍和身体功能障碍为特征，不仅包括器官的丧失或者不正常，而且包括精神和智力方面的残疾。该定义全面概括了残疾人的基本特征，使有关部门和广大残疾人工作者对残疾人的定义有了更加科学的理解。关于残疾人观念的主导性理论分析模型已经从纯粹医学模式转向社会医学模式，并在此基础上形成了对残疾人境遇的社会性理解。正是有了这种“残疾文化”层面的变动，残疾人社会工作才获得了社会的高度认同并得到迅速发展。2022 年 3 月 4 日，中国残疾人联合会发布了《关于在宣传报道中规范残疾人及残疾人工作有关称谓的通知》，建议使用“残疾人”这一法定称谓，一些残疾人乐意听到的称呼也可酌情使用，与残疾人对应的是“健全人”，不用“正常人”来对比。本书所说的“残疾人”是以“法定”意义上的残疾人为主体，同时还包括各种有身心障碍的人士。

残疾人的残疾分类和分级标准是由国家参照国际标准，根据我国国情制定的。2011 年，我国颁布了《残疾人残疾分类和分级》(GB/T 26341—2010)，这是目前界定残疾人残疾分类、分级的最新标准和制定实施残疾人社会保障政策的主要依据，充分考虑了我国残疾人工作的实际情况、特点以及现阶段的经济社会发展水平，借鉴了目前国际通行的相关分类、分级方法，既符合国情，又与国际接轨，具有较强的科学性与可操作性。该标准将残疾主要分为视力残疾、听力残疾、言语残疾、肢体残疾、智力残疾、精神残疾和多重残疾。

① 视力残疾

视力残疾指的是各种原因导致的个体双眼视力低下并且不能矫正或双眼视野缩小，以致影响其日常生活和社会参与。视力残疾包括盲和低视力，每个类别各分为两级，如表 1－1 所示。

表 1－1　视力残疾分级

类　别	级　别	最佳矫正视力
盲	一级	无光感～＜0.02 或视野半径＜5 度
	二级	0.02～＜0.05 或视野半径＜10 度
低视力	三级	0.05～＜0.1
	四级	0.1～＜0.3

注：A. 盲或低视力均针对双眼而言，若双眼视力不同，则以视力较好的一眼为准；若单眼为盲或低视力，而另一眼的视力达到或优于 0.3，则不属于视力残疾范畴。

B. 最佳矫正视力是指以适当的镜片矫正所能达到的最好视力或针孔视力。

C. 以注视点为中心，视野半径＜10 度者，不论其视力如何均属于盲。

② 听力残疾

听力残疾指的是由各种因素形成的个体双耳不同程度地存在永久性听

力障碍，听不到或听不清周围环境声和言语声，以致影响其日常生活和社会活动。听力残疾分为四个等级，如表 1 - 2 所示。

表 1 - 2　听力残疾分级

级　别	分　级　标　准
一级	听觉系统的结构和功能受到极重度损伤；较好耳朵的平均听力损失程度≥91 dB HL，在无助听设备帮助的情况下，不能依靠听觉进行言语交流，在理解和交流等活动中出现极重度受限问题，在参与社会生活方面存在极严重障碍
二级	听觉系统的结构和功能重度损伤；较好耳朵的平均听力损失程度为 81～90 dB HL，在无助听设备帮助的情况下，在理解和交流等活动中出现重度受限问题，在参与社会生活方面存在严重障碍
三级	听觉系统的结构和功能受到中、重度损伤；较好耳朵的平均听力损失程度为 61～80 dB HL，在无助听设备帮助的情况下，在理解和交流等活动中出现中度受限问题，在参与社会生活方面存在中度障碍
四级	听觉系统的结构和功能受到中度损伤；较好耳朵的平均听力损失程度为 41～60 dB HL，在无助听设备帮助的情况下，在理解和交流等活动中出现轻度受限问题，在参与社会生活方面存在轻度障碍

③ 言语残疾

言语残疾指的是各种原因导致的不同程度的言语障碍，个体经治疗一年以上不愈或病程超过两年，而不能或难以进行正常的言语交流活动，以致影响其日常生活和社会参与，具体包括失语、运动性构音障碍、器质性构音障碍、发声障碍、儿童言语发育迟滞、听力障碍所致的言语障碍、口吃等。言语残疾分为四个等级，如表 1 - 3 所示(注：3 岁以下不定残)。

表 1 - 3　言语残疾分级

级　别	分　级　标　准
一级	无任何言语功能，或语音清晰度≤10%，言语表达能力等级测试未达到一级测试水平，不能进行任何言语交流

续　表

级　别	分　级　标　准
二级	具有一定的发声及言语能力，语音清晰度＞10％且≤25％，言语表达能力等级测试未达到二级测试水平
三级	可以进行部分言语交流，语音清晰度＞25％且≤45％，言语表达能力等级测试未达到三级测试水平
四级	能进行简单会话，但用较长句或长篇表达困难，语音清晰度＞45％且≤65％，言语表达能力等级测试未达到四级测试水平

④ 肢体残疾

肢体残疾指的是人体运动系统的结构和功能损伤造成的四肢残缺，或四肢、躯干麻痹（瘫痪）、畸形等，使人体运动功能不同程度丧失以及活动或参与受限。肢体残疾主要包括：上肢或下肢因伤、病或发育异常所致的缺失、畸形或功能障碍；脊柱因伤、病或发育异常所致的畸形或功能障碍；中枢、周围神经因伤、病或发育异常造成躯干或四肢的功能障碍。肢体残疾分为四个等级，如表 1－4 所示。

表 1－4　肢体残疾分级

级　　别	分　级　标　准
一级：不能独立完成日常生活活动	四肢瘫：四肢运动功能重度丧失； 截瘫：双下肢运动功能完全丧失； 偏瘫：一侧肢体运动功能完全丧失； 单全上肢和双小腿缺失； 单全下肢和双前臂缺失； 双上臂和单大腿（或单小腿）缺失； 双全上肢或双全下肢缺失； 四肢的不同部位缺失； 双上肢功能极重度障碍或三肢功能重度障碍

续 表

级　别	分 级 标 准
二级：基本上不能独立完成日常生活活动	偏瘫或截瘫，残肢保留少许功能（不能独立行走）； 双上臂或双前臂缺失； 双大腿缺失； 单全上肢和单大腿缺失； 单全下肢和单上臂缺失； 三肢在不同部位（一级中的情况除外）缺失； 二肢功能重度障碍或三肢功能中度障碍
三级：能部分独立完成日常生活活动	双小腿缺失； 单前臂及其以上缺失； 单大腿及其以上缺失； 双手拇指或双手拇指以外其他手指全缺失； 二肢的不同部位（二级中的情况除外）缺失； 一肢功能重度障碍或二肢功能中度障碍
四级：基本上能独立完成日常生活活动	单小腿缺失； 双下肢不等长，差距在 5 厘米及以上； 脊柱强（僵）直； 脊柱畸形，驼背畸形大于 70 度或侧凸大于 45 度； 单手拇指以外其他四指全缺失； 单侧拇指全缺失； 单足跗跖关节以上缺失； 双足趾完全缺失或失去功能； 侏儒症（身高不超过 130 厘米的成年人）； 一肢功能中度障碍或两肢功能轻度障碍； 类似上述的其他肢体功能障碍

⑤ 智力残疾

智力残疾指的是个体的智力显著低于一般人水平，并伴有适应行为的障碍。由于神经系统结构、功能障碍，个体活动和参与受到限制，因而需要环境提供全面、广泛、有限和间歇的支持。智力残疾包括：在智力发育期间（18 岁之前），各种有害因素导致的精神发育不全或智力迟滞；智力发育成熟以后，各种有害因素导致的智力损害或智力明显衰退。智力残疾分为四个等级，如表 1－5 所示。

表 1－5　智力残疾分级

级别	分级标准			
	发展商(DQ) 0～6 岁	智商(IQ)7 岁 及以上	适应性行为 (AB)	WHO－DASⅡ分值 18 岁及以上
一级	≤25	<20	极重度	≥116 分
二级	26～39 分	20～34 分	重度	106～115 分
三级	40～54 分	35～49 分	中度	96～105 分
四级	55～75 分	50～69 分	轻度	52～95 分

⑥ 精神残疾

精神残疾指的是各类精神障碍持续一年以上未痊愈，个体存在认知、情感和行为障碍，其日常生活和社会参与受到影响。根据《世界卫生组织残疾评定量表Ⅱ》(WHO－DASⅡ)分值和下述适应行为表现，学界把精神残疾划分为四级，如表 1－6 所示。

表 1－6　精神残疾分级

级　别	分　级　标　准
一级	WHO－DASⅡ分值≥116 分，适应行为系严重障碍。生活完全不能自理，忽视自己的生理、心理的基本要求；不与人交往，无法从事工作，不能学习新事物；需要提供全面、广泛的支持，全部生活长期需他人监护
二级	WHO－DASⅡ分值在 106 分至 115 分之间，适应行为系重度障碍。生活大部分不能自理，基本上不与人交往，只与照顾者简单交往，能理解照顾者的简单指令，有一定学习能力；监护下能从事简单劳动；能表达自己的基本需求，偶尔被动参与社交活动；需要提供广泛的支持，大部分生活仍需他人照料
三级	WHO－DASⅡ分值在 96 分至 105 分之间，适应行为系中度障碍。生活不能完全自理，可以与人进行简单交流，能表达自己的情感；能独立从事简单劳动，能学习新事物，但学习能力明显比一般人差；被动参与社交活动，偶尔能主动参与社交活动；需要提供部分的支持，即所需要的支持服务是经常性的、短时间的，部分生活需他人照料

续　表

级　别	分　级　标　准
四级	WHO－DASⅡ分值在52分至95分之间，适应行为系轻度障碍。生活基本上可以自理，但自理能力比一般人差，有时忽略个人卫生；能与人交往，能表达自己的情感，体会他人情感的能力较差，能从事一般的工作，学习新事物的能力比一般人稍差；偶尔需要提供支持，一般情况下生活不需要他人照料

⑦ 多重残疾

多重残疾指的是个体同时存在上述六种残疾类型中的两种及以上的残疾。

第七次全国人口普查的数据和第二次全国残疾人抽样调查结果显示，肢体残疾人数量占比最多，言语残疾人数量占比最少，多重残疾人位列第三，如表1－7所示。

表1－7　我国残疾人类别构成分布表

残疾人类别	人数/万人	百分比/%
视力残疾	1 263	14.86
听力残疾	2 054	24.16
言语残疾	130	1.53
肢体残疾	2 472	29.07
智力残疾	568	6.68
精神残疾	629	7.40
多重残疾	1 386	16.30

数据来源：第二次全国残疾人抽样调查数据。

二、残疾人的普遍性需要和现实性困难

作为弱势群体，残疾人受到生理、心理条件的限制，其所面临的社会性

需要与问题呈现出多元化和复杂化的特点，需要政府和社会各界给予特殊的支持与帮助。

(一) 残疾人存在的普遍性需要

美国著名社会心理学家马斯洛(Maslow)在《人类动机的理论》一书中提出了融合精神分析心理学、行为主义心理学的人本主义心理学和“马斯洛需要[①]层次”理论。该理论将人的需要层次分为五个层级，且由低到高逐级形成并得到满足。人在每一个时期，都会有一种需要占主导地位，而其他需要处于从属地位。残疾人，有着和健全人一样的正常需要，这些需要与健全人在某些方面虽稍有不同，但并没有本质性的区别。根据马斯洛的需要层次理论，残疾人的需要主要有以下内容。

1. 残疾人生理的需要

包括基本的衣食住行、生儿育女和生存技能的掌握，是残疾人最基本也是最强有力的需要，是其他一切需要产生的基础。例如，残疾人日常生活和康复训练需要配置假肢、拐杖、轮椅、助听器等辅助器具，残疾人有特殊教育和学习培训的需要等。

2. 残疾人安全的需要

包括生命、财产、健康的安全保障，如残疾人安身立命的住房需要，医疗救治和健康维护的需要，残疾人轮椅专用的坡道、电梯、升降机，残疾人专用的厕所、扶手、盲道，手语翻译、盲文图书，智能手机、有声读物、读屏软件等无障碍环境建设的需要，这是残疾人追求安全、有序，希望构筑起安全屏障的需要。

3. 残疾人社交的需要

在与他人和社会的交往中建立起联系，体现残疾人个体在群体中的存在，获得某种社会身份和地位，这就是残疾人的社会性需要，也可以是归属与爱的需要。例如，残疾人加入某种类型的交友俱乐部、互助组织等，拓展自身的社交圈子和生活半径，与社会建立起良性沟通的渠道，营造残疾人之

① 这里按照《辞海》上的术语进行表达，使用“需要”一词。在其他章节中，笔者引用了一些学者的观点，他们在讨论有关话题时常使用“需求”一词，其指向与“需要”相同，两存之，特此说明。

间、残疾人与其他社会群体之间平等友善的社会氛围，提升残疾人对自身、家庭和社会的认同感和归属感。

4. 残疾人尊重的需要

体现残疾人个体存在的意义和生命的价值，展示自尊和来自他人的尊重，具体表现在财物分配权、时间支配权、人事自主权，如一些残疾人身残志坚，永不放弃，相信自身拥有的力量与改变的潜能。这些残疾人在奋斗的过程中，虽然还没有达到成功的顶峰，但他们的努力已经得到他人的认可和社会的承认，这成为他们继续奋斗的理由和前行的动力。

5. 残疾人自我价值实现的需要

这是精神和物质追求的完美归宿。残疾人作为人类社会大家庭的一员，同样能创造价值、创造财富，同样能为人类文明进步贡献力量。例如，残疾人通过自身的不懈努力与社会资源的助力，自主择业、成功就业或创新创业，增加劳动收入，提高生活水平，融入主流社会。

上述五种需要是从心理学角度来阐释的残疾人的需要层次。在现实生活和我们的残疾人工作中，似乎并不能完全套用这些概念来辨析哪些是残疾人的基本需要。比如，一般人会把生理需要作为一个人最基础的应该得到满足的需要。但是对于某些残疾人来讲，有一些生理需要完全得到满足的机会并不多，比如婚恋与性生活的需要。残疾人的身体呈现畸形，生理功能部分或完全丧失，经济和社会地位不高，因而在社会生活中处于劣势地位，在步入婚姻殿堂和生儿育女方面也是困难重重。

（二）残疾人面临的现实性困难

出于种种原因，如果残疾人的基本需要得不到相应满足，他们就会面临更多现实性困境，更难以获得物质支持，进而影响其生活状况的改善和社会功能的恢复，无法与所处的环境达到适应性平衡。

1. 经济困难

相较于健全的民生群体而言，残疾人的经济困难更为突出。一是生活必需品的占有量少。在残疾人的消费结构中，其绝大部分或全部收入基本上用于医疗康复，这属于典型的支出型贫困。二是生活质量的低层次性。受低效劳动力和低收入机会的影响，大部分残疾人家庭主要依靠最低生活保障和残疾人“两项补贴”（困难残疾人生活补贴和重度残疾人护理补贴），经济收入来源单一，进一步加剧了残疾人生活的不确定性。一旦遭遇疾病或其他灾害，他们就很容易陷入贫困。

2. 就医困难

“看病难、看病贵”已经成为当今社会最易引发焦虑的问题之一，对于残疾人而言更是如此。残疾人就医难的主要原因在于出行不便，特别是交通不便的偏远农村地区和山区，缺乏就近便捷的医疗资源，往往需要费尽周折才能看上病。医疗资源的不足和医疗技术的落后导致残疾人的病情恶化，从而使残疾人及其照顾者身心俱疲，影响了残疾人的身心健康。一些特殊残疾人还面临着语言交流和书写困难等实际问题，无法与医护人员进行正常的交流沟通。同时，一些地区的医疗水平不高，缺少残疾人无障碍设施，也缺乏相应的人文关怀，残疾人的就医条件非常有限。2020 年新冠疫情封控期间，残疾人的就医和配药就成为一大难题。

3. 康复训练困难

残疾人普遍都有康复的诉求与愿望，但残疾人的康复与健全人的康复相比，难度更大，治疗周期更长。各地康复医疗资源发展不平衡，一些地方的康复理念宣传力度不够，专门的康复训练机构尚待建设，康复人才队伍需要大力培养，残疾人的康复意识也亟须增强，因而残疾人难以做到精准化康复、个性化康复，直接影响了残疾人的康复质量和生活水平。例如，一些残疾人在伤病急性期后，缺乏进一步康复训练的意识，认为医疗康复之后就是在家休养。还有一些残疾人因缺少先进的康复设备和精密的康复仪器，以及缺少专业的康复工作者进行训练和指导，贻误了康复的最佳时机，导致康复过程漫长，产生了灰心、失望的情绪。

4. 住房困难

残疾人改善性住房需求强烈，对于长期生活在城市老旧小区中的残疾人来说尤为如此。残疾人由于身体上的缺陷，在行动上存在诸多不便，因而需要家庭成员的长期照顾，一般无法与家庭照顾者分开生活，大多数残疾人长期与父母或兄弟姐妹生活在一起。残疾人的居住空间一般狭小，既缺乏足够的空间配置家庭无障碍设施设备，也直接影响了他们生活状况的改善和兄弟姐妹的婚恋。

5. 教育困难

残疾人就学在现实中面临着不同程度的困难，主要表现在入学难、入学率低、教育资源不足、师资力量薄弱、教育保障机制不健全等方面。这些困难直接导致残疾人受教育程度普遍偏低，很多人没有一技之长，其中受过高等教育的人更是少之又少。尤为突出的是学龄前儿童的特殊教育问题，一些地方对孤独症儿童仍然存在着认知误区和社会歧视，使这一群体难以进入普通学校、普通学校特教班或特殊学校就读，融合教育面临诸多现实困难。

6. 就业困难

受多种因素制约，残疾人仍然是整个就业领域中最艰难的群体，即使是具有高学历的残疾人也常常遇到难以就业的问题。与身体健全者相比，残疾人因为身体残障，在就业中不可避免地会遇到各种困难：一方面，就业机会不均等、社会歧视和设施欠缺等，使得绝大多数残疾人并不能像健全劳动者一样在劳动力市场上自主择业；另一方面，社会上长期形成的残障观念使得残疾人不能够正确、客观地看待自己，表现出一种高度敏感的心理状态。许多残疾人融入社会、参加就业的积极性不高，加之文化水平有限，职业技能不足，在就业市场中处于劣势，被迫退出竞争行列。各类机构在为残疾人提供就业服务的过程中，也很难从残疾人自身的意愿出发，帮助其自主就业。

7. 社会交往困难

很多残疾人存在着社会交往方面的困难。人是社会性动物，需要在与他人的交往互动中产生关系，建立情感联结。残疾人同样渴望与他人交往，期待获得他人的理解与尊重。身体功能的缺陷，使得残疾人在日常行动、语言沟通和视觉观察等方面面临着重重阻力，在人际交往方面变得异常艰难和痛苦，有时在情绪、行为上更容易陷入孤独、自卑、绝望和故步自封的境地，产生“破罐子破摔”的心理认知。相当多的残疾人缺乏社会群体意识和社会交往、合作的能力，从而形成孤僻的性格。同时，社会上的许多客观因素也阻碍了残疾人的社会交往，如拥挤的公共交通，忽视残疾人特殊需要的道路和其他公共设施等，使得残疾人对社会交往望而生畏，活动范围大大缩小。社会交往困难还集中体现在残疾人较少参与社会政治文化活动，在政治上的影响力小，难以影响公共政策的制定，他们很难摆脱自身的困境。

8. 婚姻家庭困难

残疾人的家庭通常承受着比一般家庭更大的压力。这些压力通常来自经济条件、文化教育、伦理道德、风俗习惯等方面。为了照顾残疾子女，父母中的一方或双方被迫放弃自己对事业的追求；有残疾兄弟姐妹的年轻人，有时不得不降低自己的择偶标准，甚至难以成家；有残疾父母的青少年，常常因为经济上的困难、家务的拖累等影响求学。部分残疾人受到经济条件与残疾特征的影响，通常不容易找到配偶。多项调查报告显示，有一技之长、经济来源多元、有住房的残疾人，成婚率相对较高；依靠家庭供养的残疾人，成婚率较低；生存能力差的残疾人，结婚成家更是“难于上青天”。

三、残疾人社会工作的内容及特殊性

20 世纪下半叶，残疾人社会工作开始走向“专业化”。其标志性事件主要包括：一是纲领性文件出台。联合国通过的《弱智人权利宣言》和《残疾人权利宣言》规定，残疾人有基本生活权利、政治权利、康复权利、劳动权利、受教育权利以及人格尊严、平等待遇的权利。这被视为继种族解放、妇女解放、民族解放之后人类的又一次解放运动。二是组织建设有所加强。1981 年，残疾人的世界性组织“残疾人国际”成立，得到了联合国的承认和支持。其宗旨是呼吁各国政府采取有效措施，动员、帮助残疾人以平等的权利和机会参与社会生活，倡导“平等、参与、共享”的残疾人工作新理念。

（一）残疾人社会工作的内容

目前，我国残疾人社会工作的内容十分丰富，主要包括维护残疾人合法权益的法律政策咨询、无障碍环境的建设、人际关系的调适、社区康复、职业康复与就业指导、残疾人特殊用具的配置等方面。此外，在残疾人生活的其他领域内，如文化娱乐活动、体育运动和竞技活动、社会救助、政治生活与社会交往等，都应该有相应的社会工作者给予帮助。当前，我国开展的残疾人社会工作内容主要包括以下四个方面。

1. 康复工作

通过专门的康复机构、社区、家庭开展的康复服务，帮助残疾人配合医护人员及其他专业人员，最大限度地恢复身体功能或进行功能补偿，以提高残疾人参与社会生活的能力。

2. 特殊教育

通过专门的学校、社区和家庭，残疾儿童、青少年以及有特殊需求的残疾成年人可以获得受教育机会。

3. 劳动就业

社会工作者通过职业康复手段和动员社会力量帮助残疾人得到合适的劳动岗位，并协助其改善劳动条件，使他们适应劳动环境。

4. 社会适应

社会工作者通过咨询、转介和必要的指导，促进残疾人得到家庭、社区和社会的接纳，改善他们的生活状态，帮助他们积极参与社会生活。在机构数量较少的情况下，上述社会工作主要通过基层社区康复的形式得以完成。

与此同时，社会工作者还要启发和教育广大残疾人“自尊、自信、自强、自立”，全面提高自身素质，展示自身能力，为社会创造财富。这有助于人们认识到残疾人的能力与价值，从而自觉减少和消除对残疾人的偏见和歧视。另外，社会工作者还应该帮助残疾人及其家属增强法律意识、树立维权观念，善于运用法律手段维护自身权益，以遏制和减少歧视残疾人现象的发生。因此，社会工作者要在全社会广泛开展宣传倡导工作，增进全社会对残疾人和残疾人事业的认识和理解，大力弘扬人道主义精神，尊重、关心、帮助残疾人。

（二）残疾人社会工作的特殊性

残疾人社会工作是残疾人社会事业的有机组成部分。在我国，残疾人社会工作还处于本土化起步探索阶段。残疾人社会工作是受过专业训练的社会工作者，运用社会工作理论知识和方法技能，帮助残疾人弥补自身功能缺陷，克服环境障碍，使他们平等地参与社会生活、分享社会发展成果的专业活动。这种专业化的实务性工作与其他社会工作一样，都必须遵循社会工作的专业理念、守则、流程、运用社会工作的知识、方法与技术，其根本目的是帮助残疾人提高生活质量，增强社会功能，提升社会地位，获得社会保障，在平等地参与社会生活的基础上，与健全人一样共享人类社会创造的一切物质文明和精神文明成果。残疾人社会工作有着不同于其他社会工作实务领域的特殊性，这种特殊性是由以下三个方面决定的。

1. 服务对象的特殊性

残疾人社会工作的服务对象是残疾人，这是一个特殊的民生群体。残疾人和健全人一样，离不开对“物”的依赖，正因为如此，他们自然会有特殊心理、特殊需求。了解并理解这一背景后，社会工作者就要从残疾人的实际出发，因地制宜、因势利导地为残疾人提供有针对性、有实效性的社会服务。

2. 服务对象需要的多样性

一方面，目前我国残疾人数量仍然庞大，因而残疾人社会服务需求的总量巨大；另一方面，残疾人面临生理、心理、经济、社会等多重压力，因而其需求范围十分广泛，涉及基本生活、医疗卫生、康复、教育、精神文化生活、劳动就业、社会交往、社会参与等。

3. 服务过程的艰巨性

残疾人社会工作与一般社会工作不同，它的工作过程的艰难性尤为突出。一方面，残疾人数量庞大，其所面临的问题复杂多样，需要帮助的范围广；另一方面，社会上一些人的扶残助残意识不强，歧视残疾人、侵害残疾人正当合法权益的现象时有发生，无疑增加了残疾人社会工作的难度。

四、残疾人社会工作的价值

社会学和社会工作的功能理论认为，组成社会整体的各部分对于整体的存在发挥着自己独特的、必要的作用，这就是部分对整体的贡献，这种贡献或其所发挥的作用被称为功能。显而易见，残疾人社会工作对全社会残疾人和其他各种有身心障碍的人所开展的各类服务，体现的是一种积极的社会促进作用。在社会工作领域中，功能的概念也在多种意义上被使用，有时比较强调系统的含义，比如讨论残疾人社会政策、社会保障制度的功能，有时则看重一种社会行动对象的作用。

（一）残疾人社会工作对服务对象的价值

社会工作作为一种专业的助人活动，对改变受助残疾人的不利境遇发挥着重要的作用。

1. 给予物质帮扶

社会工作者可以对生活上有困难、有需要的残疾人给予物质或经济上的帮助，这些帮助一般来说是间接性的。社会工作者可以根据残疾人的实际需要，链接相应的社会资源，发挥正式或非正式的社会支持网络的作用，帮助残疾人在合法条件下获得某种物质上的支援，以期在某种程度上解决其生活上的困难。社会工作者还可以利用有关政策措施，使残疾人获得制度规定范围内的经济和物质支持；也可以通过与各个层面的社会服务机构、基金会、慈善团体、志愿者组织和其他社会力量的联系，或做好必要的转介工作，使有需要的残疾人得到优惠甚至免费的社会服务等。

2. 提供心理支持

某些生活上陷入困境的残疾人在许多情况下并不是困于经济因素，而是困于社会关系失调或来自社会角色的压力。社会工作者可以在机构和社区中运用心理咨询或个案管理等方法，帮助他们正视残疾、悦纳自我、缓解压力、植入希望，积极地对待生活和挑战；也可以通过个案、小组、社区社会工作三大直接方法和其他间接策略，以及构建正式和非正式的社会支持网络，为他们提供生活和心理上的支持。

3. 提高发展能力

“助人自助”是社会工作最基本的原则，也是社会工作的核心理念。残疾人社会工作不但要具体地帮助有困难的残疾人，满足其实际需求，而且要帮助他们发挥内在的优势，发掘潜在的能力，以应对现在和今后的挑战，即帮助他们提高战胜困难的能力，以期达到自助目的。社会工作特别强调发展服务对象自身的能力。残疾人社会工作所关注的能力发展，不仅在于增强残疾人的日常生活适应性和技术性能力，而且更强调其在现实社会中对环境的适应能力和人格的全面发展。

4. 维护合法权益

残疾人是社会弱势群体。维护社会弱势群体的合法权益是政府与社会的责任，也是一个社会文明进步、社会公平程度的表现。但是，在激烈的社会竞争中，残疾人的合法权益受侵犯、被损害的情况时有发生。社会工作是追求社会公正的专业，理应把维护弱势群体的合法权益放在重要位置上。残疾人社会工作者要伸张正义，通过服务、宣传、影响社会政策等方式来帮助残疾人争取合法权益，并维护其合法权益。特别是在维护因意外事故致残者和务工人员因工伤致残的问题上，社会工作者可以提供很多具体的帮助。

（二）残疾人社会工作对社会的价值

残疾人社会工作作为现代社会系统的组成部分，对社会的正常运行发挥着重要作用。

1. 促进社会稳定与和谐

社会工作从一般意义上来说是具体解决社会问题的专业活动。帮助困难人士解决问题，不但可以给予他们实际帮助，而且可以减少因矛盾激化而产生的对社会秩序的冲击，从而有助于社会的和谐稳定。实践表明，在医疗事故、交通事故、工伤事故和其他意外伤害中致残的残疾人与有关部门或个人发生冲突时，社会工作者的介入可以起到很好的调和、化解作用。对于残疾人和他们的家庭存在的问题给予帮助，协调残疾人的人际关系，可以促进社会和谐发展，从而创建一个正常、健康的社会环境。

2. 推动制度建设与社会进步

有些残疾人出现社会问题主要是个人方面的原因，虽然社会因素也在其中起着或多或少的作用，但是对一些长期存在的带有普遍性的问题来说，社会因素才是主要的。这时，社会工作者就要从社会政策和制度层面加以解决。有关残疾人的社会保障制度、教育制度、医疗卫生制度和就业制度都不够健全，一些政策也存在着漏洞。在这种情况下，社会工作者就要通过修订制度、完善政策来解决和预防社会问题的发生与矛盾的激化。残疾人社会工作者在解决问题的过程中，可以提出制定、完善社会政策的建议，参与社会政策的出台，促进有关政策更加合理。例如，针对残疾人利用机动轮椅车从事运营活动问题、城市道路和社区建设的无障碍环境问题、各种康复机构的评价标准等，社会工作者通过不断努力，逐步助推有关政策的修订和完善，避免了社会问题的发生，使社会在更加公正的制度框架中运行，这就是社会工作在制度层面上促进社会进步。

3. 促进社会协调发展

人与人之间具有良好的关系是健康生活的表现。在现代社会中，人与人之间良好的共同体关系不断受到损害，利益竞争和社会排斥使人们相互隔离，并引起了诸多社会问题。残疾人社会工作以人为本，致力于在社会成员之间建立相互支持的关系，通过充分调动残疾人的积极因素和呼唤社会各界对他们的关爱，来增加该群体的社会资本，建立一个相互关怀的社会。这不但可以改善人们生活的具体社会环境，也有利于社会持续协调发展。一个社会的成熟程度，往往能从对待残疾人的态度以及残疾人的生存发展状态上充分体现出来。在一个充满竞争的社会环境中，残疾人能够获得与健全人同样的生存条件和发展机会，这就体现了该社会成员群体友好的程度和群体互助的能力。

第二节 残疾人社会工作的理论基础

现代社会工作是一项高度专业化的活动，基本特征之一就是大部分的实践过程和工作技巧都是建立在一定的系统理论知识基础之上的，而非仅仅依赖于社会工作者个人的经验与悟性。作为社会工作中的一个重要领域，残疾人社会工作也不例外，需要理论的指导，需要将实际工作经验、专业技巧和理论知识结合起来。

一、标签理论

标签理论（Labeling Theory）是以社会学家埃德温·莱默特（Edwin M. Lement）和霍华德·贝克尔（Howard Becker）的理论为基础而形成的一种社会工作理论。标签理论认为，每一个人都有"初级越轨"，但只有被贴上标签的初级越轨者才有可能走上"越轨生涯"。一个人被贴上标签，是与周围环境中的社会成员对其行为的定义过程或标定过程密切相关的。标签理论认为，标签的张贴是有选择性的，这主要表现在两个方面：一是标签的张贴是因人、因事、因时间的不同而有所差异的；二是标签的张贴在不同的社会阶层中并不公平，社会弱势群体更容易被贴上标签。标签是人们对自我形象的界定。自我形象是通过与他人的互动而产生的，而他人的标签则是一个重要的因素。因此，社会工作的一个重要任务就是通过一种重新定义或标定的过程，使那些原来被视为有问题的人恢复为"健全人"，这一过程又被称为"去标签化"。

标签理论不仅影响着人们的观念，而且影响着政府对残疾人政策的制定。由于社会上存在大量的偏见，残疾人往往被贴上标签，社会默认他们没有较强的劳动能力，或没有灵敏的思维，或没有矫健的身体，因而很多残疾人游离于主流社会之外。当一个人受到意外伤害而截瘫后，便被认为"完全丧失了劳动能力”，从而被剥夺重新工作的权利和机会。不少轻中度智力障碍的青少年，经过培训后完全可以从事一些简单的劳动，却被错误地判定为“无能”，从而被很多部门和组织拒之于门外。实际上，在科学技术飞速发展的时代，有很多工作是可以由这些残疾人完成的。这种政策上的失误和“标签化”，不仅给残疾人带来很大的伤害，而且也使国家、社会以及残疾人家庭都承受了更多负担。标签理论以其独特的视角为残疾人社会工作提供了有益的启示。要想对残疾人进行去标签化，社会工作者要时刻保持对残疾人的尊重与理解，让他们感受到周围环境对自己的接纳，积极引导他们回归社会，重新认识社会，勇于面对新的生活。

二、社会排斥理论

从词源学看，“社会排斥”一词出现的时间并不长。社会排斥理论最初是在研究贫困问题的过程中出现并逐渐形成的。1974 年，法国经济学家勒内·勒努瓦(Rene Lenoir)出版了《被排斥群体：法国的十分之一人口》一书，用“被排斥者”这个概念指代那些没有被传统社会保障体系覆盖的人。20 世纪 80 年代，在法国，关于排斥的讨论越来越普遍。排斥是指更多类型的社会不利处境，不仅指日益增长的长期和周期性失业人数，而且指社会关系的日益不稳定。人们逐渐认识到，失业不仅关系到收入，而且关系到社会网络、自我价值感，同时也认识到失业者会被排斥在正常的社会活动之外。1988 年，在欧盟第二轮反贫困项目结束之际，欧洲委员会首次提出了“社会排斥”概念，并将其写入《欧洲社会宪章》。到 20 世纪 90 年代，“社会排斥”概念逐渐被法国以外的欧盟国家采纳并且最终传播到了欧盟以外的国家。

已有研究认为，社会排斥是一个广泛涉及经济社会问题的概念。在界定法国的受排斥人群时，勒内·勒努瓦认为以下群体属于受排斥人员：精神或身体有残障者、自杀者、老年病患、受虐儿童、药物滥用者、过失者、单亲父母、多问题家庭、边缘群体、叛逆者及其他一些不适应社会环境的人。这些人约占法国总人口的十分之一。继勒努瓦之后，一些学者进一步扩展了受排斥群体的范围。人们可能遭遇排斥的地方不胜枚举，关于社会排斥的研究文献显然也无法一一列举。

国内学者对于社会排斥的界定，具有代表性的如下：唐钧通过作家毕淑敏介绍的一个游戏生动地描述了社会排斥的形成过程。他认为，社会排斥是游戏规则造成的，而社会政策研究的目标就是要修订游戏规则，使之尽可能地惠及每一个社会成员，从而趋于更合理、更公平。还有学者认为，社会排斥主要是指社会弱势群体在劳动力市场和社会保障体系中如何受到主流社会的排挤，而日益成为孤独、无助的群体。

综合学界的观点，目前大致可以将社会排斥划分为以下四个方面：一是经济排斥，二是政治排斥，三是公共服务排斥，四是社会关系排斥。需要指出的是，弱势群体受到的社会排斥不会单单是其中的某一方面，往往是遭到多个方面的排斥。在我国社会结构和经济体制的双重转轨过程中，残疾人这一特殊的弱势群体，各方面的状况都得到了一定程度的改善。但是，残疾人至今在教育、就业、社会地位等方面依然受到种种排斥。关于社会排斥，《残疾人权利公约》强调的是"不受歧视"，"重申一切人权和基本自由都是普遍、不可分割、相互依存和相互关联的，必须保障残疾人不受歧视地充分享有这些权利和自由"，"确认因残疾而歧视任何人是对人的固有尊严和价值的侵犯"，"关注因种族、肤色、性别、语言、宗教、政治或其他见解、民族本源、族裔、土著身份或社会出身、财产、出生、年龄或其他身份而受到多重或加重形式歧视的残疾人所面临的困难处境"。

《残疾人权利公约》之所以强调"不受歧视"，正是因为社会排斥与"偏见"这个心理现象以及由偏见而产生的歧视之间有着深刻的联系。心理学所讲的偏见是这样一个过程："人们把世界分为内团体和外团体，对前者而言，个体把自己看作其中的成员，而对外团体则相反。这些认识性的区别导致了群体内偏见——一种认为自己的群体比别的群体好的评价。人们一旦被看作外团体成员，常常会成为泄愤和不公平对待的对象。有时候，一些非常细小的线索也能够引发对外团体成员的偏见。"内心偏见外化的表达常常就是歧视,《残疾人权利公约》更多使用的就是"歧视"这个词。消除社会对于残疾人的各种社会排斥,需要社会各方力量的协调配合,既要依赖经济的快速发展,又需要意识和观念的转变以及法治体系的进一步完善。

三、回归社会理论

回归社会理论的提出和一些社会学家在20世纪中期对西方普遍实行的将精神病人长期封闭在院舍里的研究具有密切的关系。20世纪50年代,美国社会学家欧文・戈夫曼(Erving Goffman)在深入研究庇护所里的精神障碍患者的情况后指出,在庇护所里精神障碍患者始终处于不良的同伴关系(指精神障碍患者长期生活在一起而形成的具有强烈刺激性的互动关系)和"关护"关系(指庇护所里的管理人员、医护人员对精神障碍患者的消极的、冷漠的态度和严格管制精神障碍患者行为而使医患人员产生隔阂、紧张甚至敌视心理的关系)中,结果并没有使精神障碍患者的病情好转,相反可能会加重患者的病情。同时,也有社会人士关注到老年人和残疾人因长期住院而产生的种种后果,发现长期住院使那些残疾人产生依赖性,渐渐失去重新适应社会的能力。正是在这样的背景之下,"非住院化"运动开始兴起,回归社会的理论也由此而产生。回归社会犹如治疗疾病后的康复工作或康复阶段,日益受到重视。正如1982年12月3日联合国大会第三十七届会议正式通过的《关于残疾人的世界行动纲领》所指出的:"残疾人往往带头使人们进一步理解机会平等的过程。他们自己倡导了把残疾人融合到社会中去。"该文件还指出:"在世界各地,残疾人已经着手组织起来,呼吁自己的权益。残疾人组织对于残疾人参与社会生活具有极其重大的意义,必须给予大力支持。"

回归社会理论的基本观点包含以下三个方面:

第一,老年人、残疾人、精神障碍患者及康复者等,多是社会上最脆弱、最无依靠的群体,他们往往需要社区提供正式或非正式的服务和照顾,以便在熟悉的环境中继续过上正常的生活。

第二，社区照顾是让残疾人、精神障碍患者等回归社会的典型模式。

第三，社区照顾的目标是尽量维持残疾人等有需要的人士在社区内或其自然生活环境中的独立生活。换言之，社区照顾旨在提供合适的支援，让残疾人等社区人士可以在自己的生活中获得最大的独立性和支配权。

四、正常化理论

正常化理论是用来分析和看待诸如精神障碍患者及其他伤残人士等某些特殊的社会群体的理论。在社会工作领域中，正常化理论一般有两种含义：

第一，以服务对象为本的社会工作价值理念认为，以往人们把残疾人等一些工作对象的行为视为异常，为他们贴上了标签，并采用主流社会通行的所谓正常的方法为他们治疗，这种做法实际上是失之偏颇的。因为在一些社会工作者和治疗者或助人者眼里被视为不正常的行为，其实在服务对象群体那里完全是再正常不过的事情，关键是助人者把自己看问题的思路和结论强加于受助者身上。换言之，问题实际上是出在助人者对服务对象的任意标定上。

第二，所谓正常化，就是为受助者提供与平常人相似的生活环境，包括让他们回到自己熟悉的平常社会，过上常人的生活，英国倡导和推行的社区照顾就含有这种意义。美国全国智力迟钝公民协会（National Association for Retarded Citizens，1992 年更名为“美国弧光”，The Arc of the United States）曾这样界定：所谓正常化，就是帮助残疾人获得一种尽量接近健全人的生活方式，使他们的日常生活模式及条件尽量与社会中大多数人一样，而不是有意地将他们区隔开来。在社会工作实务中之所以强调这一点，是因为社会工作承认所有人（包括残疾人等）都具有尊严和价值。

上述正常化理论引出一个对残疾人社会工作的共同的启示，即残疾人社会工作尤其需要从服务对象的角度去看待问题，而不可妄加猜测和随意标定。

五、优势视角

优势视角(strength perspective)的概念框架是基于对缺陷模式的反思建构起来的。它的核心是对服务对象的优势和资源的洞察,“优势”(strength)与“抗逆力”(resilience)近年来成为西方社会工作领域中运用得越来越频繁的词语,其实它们都是对服务对象所具有的特征进行积极的、正面的描述。优势视角从批评现存的主流的病态或缺陷模式开始,运用积极心理学、抗逆力、社会建构和叙事治疗等理论看待事物。优势视角已经成为社会工作实践的一种范式,将优势视角运用于不同的人群和各种社会工作实务领域中,意味着社会工作者所应该做的一切都要从发现、开发和利用服务对象的优势和资源出发,协助他们达到自己的目标,实现他们的梦想和直面他们生命中的挫折和不幸,抗拒社会主流话语的控制。

优势视角是建立在对人有主观能动性的理解的基础上的,认为人不是被动的,而是有着自身的潜能和力量,可以依靠自身的潜能和优势解决问题。优势视角强调,发现服务对象身上的“闪光点”,挖掘服务对象身上的潜力,培育、鼓励、协助、支持、激发、释放服务对象内在的优势,通过服务对象自己的力量来解决问题。其基本假设如下:

第一,个人、团体、家庭和社区都有自己的优势视角,发动和联系个人、团体、家庭和社区具有的资源、财产、智力,并将其作为服务对象可以改变自身行为和提高自己生活质量的潜力。

第二,精神创伤和虐待、疾病和痛苦、抗争可能是伤害,也可能是挑战和机遇。我们说到负面经验能够带给个人、家庭或社会机遇,并不意味着忽略负面经验带来的创伤和苦楚。优势视角承认太多人面对不幸的时候能恢复精神,人们试图探索和学习这种战胜不幸的能力。

第三,假设不知道成长和改变的能力,调动服务对象强烈的渴望。人们经常把自己界定在别人的评价、诊断中,或者对自己的人生有某些断定。优势视角会保持服务对象的高需求,并将他们的希望、价值、渴望和幻想结合起来。

第四，所有环境中都遍布资源。每一种环境中都有个人、家庭、非正式群体、协会、帮助他人的机构，当有机会的时候，这些资源会尽其所能地满足他人的需要，例如知识、陪伴、特殊的天赋、时间、场地等。

第五，在残疾人社会工作领域中运用优势视角时，我们强调社会工作者在实践过程中要关注残疾人所具有的优势和资源，认为个人、家庭、社区都具有自身的潜能和优势，从而发掘和培养残疾人的潜在能力和优势，帮助他们解决问题，实现自我价值，最终达到助人自助的目的。

六、增能理论

“增能”一词是社会福利界的用语，是从“empowerment”翻译过来的，又可译作“充权”或“赋权”，意思是让人有更大、更多的责任感，有能力去做自己应该做的事。“增能”一词的使用可以追溯到20世纪70年代，当时美国哥伦比亚大学学者所罗门(Solomon)提出了对被歧视的美国非洲裔黑人增能的理念，把增能引入了社会工作甚至社区工作的议程之中。自20世纪90年代以来，增能已成为社会工作领域提倡的重要价值观念和工作模式之一。

增能理论是以人的潜能发展为基础，关注人的基本价值实现的理论。作为独立的个体，残疾人同样有生理的需要、安全的需要、社交的需要、尊重的需要和自我实现的需要。但受到自身的生理障碍和外部环境的限制，残疾人陷入失能状态，影响了其权能的增加，制约了其需要的满足，使其处于不利地位。需要注意的是，残疾人并不缺乏权能，在与社会工作者和他人的互动交往中，权能会不断衍生。因此，残疾人增能的过程是不断增加权能的过程，是减少失能感、增加“控制感”的过程。通过探析造成心智障者失能的内部因素和外部环境因素，我们发现，改变个人的无力感和外在环境的压迫，可以改善残疾人的生活状态，增加其权能，培养他们对生活的控制感和自主能力，最后达到助人自助的服务目标。总之，社会工作者应协助残疾人从个人、人际、社区层面增加权能，培养自主能力。

七、社区照顾理论

20 世纪中期，西方残疾人社会工作中出现了“反院舍化”的社区照顾理论。美国的一些社会学家和社会工作者关注长期居住在养老院、康复医院等机构中接受专业服务的老年人和残疾人，探究院舍化管理和服务质量之间的关系。美国社会学家戈夫曼深入研究了居住在庇护中心的精神障碍康复者，发现一些精神障碍患者处于“不良人际关系”的困境中：一是不良同伴关系。精神障碍患者长期集中居住在一起，往往会形成具有强烈刺激性的互动关系，不利于正能量的传递。二是不良的观护关系。庇护中心的管理人员、医护人员等长期面对精神障碍患者，容易出现职业倦怠状态，对精神障碍患者持消极、冷漠的态度，并且对精神障碍患者采取半封闭严格管制措施等，直接导致医护人员和病患之间出现隔阂、紧张关系甚至出现对立状态。这在某种程度上不仅不利于精神障碍患者康复，反而会加重患者的病情。当时，美国奥斯卡获奖影片《飞越疯人院》就反映了 20 世纪四五十年代，美国院舍化精神障碍患者的一种生存状态。

同时，人们也开始反思老年人或残疾人因长期住在养老院或康复医院里而带来的各种不良后果，这会使服务对象慢慢对自己的能力产生不信任感，而对提供的各种服务产生依赖感，并渐渐失去了重新适应和融入社会的动力和能力。因此，社区照顾理论的倡导者指出，院舍化照顾是一种昂贵且效果不好的模式，社区照顾模式有利于促进服务对象回归社会。

残疾人社会工作领域的社区照顾理论强调，残疾人是社会中的困难群体，需要通过社区照顾服务（正式服务和非正式服务相结合）在社区内“独立生活”，即通过整合各种社会资源，提供“适合性”支持，使残疾人在社区中具有最大化的独立性和自我控制能力。

八、社会支持理论

关于社会支持理论的研究最早开始于 20 世纪 70 年代。该理论在心理学、社会学和教育学领域中得到了广泛应用。众多学者认为，良好的社会支持网络对个体的成长具有十分重要的作用，尤其是对弱势群体而言，当他们遭遇危机时，良好的社会支持网络能够起到缓冲的作用，帮助他们抵御风险。

（一）社会支持的概念

社会支持是由社区、社会网络和亲密伙伴所提供的可感知的和实际的工具性或表达性支持。社会网络是个人可以直接接触的一些人形成的关系网，包括亲戚、同事、朋友。这些人对于个人来说十分重要。亲密伙伴体现了个人生活中的紧密关系，处于此关系中的人相互认同和彼此期待。工具性支持包括引导、协助、有形支持与解决问题的行动等；表达性支持包括心理支持、情绪支持、自尊支持、情感支持、认可等。

（二）社会支持的结构体系

社会支持的结构体系不仅包括社会支持的主体和客体，同时也涵盖了社会支持的内容和方式。主体以政府、组织机构（高校、企业、非政府组织等）、个人、家庭以及社区等为主，依靠社会支持产生主要责任体，政府占据主导性支持地位，与组织机构协作解决弱势群体的生存和发展问题。客体是所有受助群体或个体（如学生等）。此论述是由国内外学者经过多年研究后做出的归纳和总结，描述了具有相对合理性的支持主体和客体的基本内蕴。

（三）运用社会支持网络

我们在运用社会支持网络时需要注意，社会支持网络不仅是一种有效的工作手段，同时也是社会工作者的工作对象。社会工作者不仅要对社会支持网络进行评估，更重要的是运用和改善社会支持网络，使之能够满足服务对象的需要，解决其问题。在残疾人社会工作实务中，社会工作者在充分利用正式社会支持网络的同时，应该注意帮助残疾人学会认识和利用非正式支持网络，并进一步重建和完善社会支持网络。

第三节　残疾人社会工作的主要方法

残疾人社会工作需要多元化的专业团队相互合作。《关于残障者的世界行动纲领》明确指出："要达到充分参与和平等的目的，仅仅着眼于残疾人的康复措施是不够的。事实表明，决定残疾对于一个人日常生活影响的主要因素是环境，如果一个人失去了获得生活基本因素的机会，而这些机会对于社会其他人来说都是有份的，那就构成了障碍。"因此，要达到残疾人融入社会的目的，需要在社会工作者的主导下，构建包括社会大众、利益团体代表、社区资源、康复机构等方面的专业团体。团体运用不同的专业知识与技巧，以残疾人的社会融入为目标，共同发掘资源，帮助残疾人及其家庭和社区增强经济、社会和政治等方面的影响力。

一、残疾人社会工作的指导原则

美国学者提出，残疾人工作有六项基本指导原则。

第一，人是有能力或者有潜力的。不应站在健全人的角度看待残疾人的能力，而应从残疾人的视角看待其能力或潜能。

第二，拒绝把残疾人的问题视为其本身的问题而让其"修理"自己，反对把残疾解释为"病态"、将残疾等同于"死亡"。

第三，应该把残疾视为一种社会建构，介入时要考虑社会因素。残疾人问题的解决主要取决于社会，取决于社会消除妨碍残疾人参与社会生活的环境、态度和政策障碍。

第四，"残疾"一词有其历史和文化含义，任何做残疾人工作的人都应该了解残疾人的社会经历。此外，社会工作者还应了解残疾文化的倡导者和传播者及其领袖，了解这些人对于残疾人赢得尊重、获得权利所发挥的作用。社会工作者也应该愿意做倡导工作。

第五，尽管残疾人受过压迫，但是我们坚信残疾人也在困境中发现了乐趣。残疾人工作必须把残疾视为有所不同，但不一定是丧失功能。

第六，相信残疾人有权掌控自己的生活。这意味着残疾人有权决定自己的事宜，即使是专业人员也不能包办代替。

二、残疾人社会工作的方法

（一）建立信任关系

1. 建立服务对象对社会工作者的信任。

2. 增强服务对象具有改变能力的信念。

3. 传达对服务对象的价值信念。

4. 处理好同情心与同理心。

5. 避免掉入先入为主的陷阱。

6. 多一些耐心和理解。

7. 减少恐惧和不适。

（二）参与残疾评定

残疾人社会工作者应该熟知评定残疾的标准，知道不同的残疾等级意味着什么，并能参与基本的残疾评定工作。

1. 个人与社区状况评估

（1）生态框架的评估。运用生态框架分析残疾人问题的优势在于，能把问题放到残疾人的具体生活场景中去认识，更能够看到多种因素对残疾人问题造成的影响，以及各因素之间的交互作用。

经典的生态图的中心位置有一个圆环，圆环内是生态图的核心关注点。一般情况下是服务对象的名字，但也可能是一个家庭所有成员的名字及其相互关系、社区或有特定问题的群体。在中心圆环之外环绕的是其他一些圆环，每个圆环都标明了核心圆环同它的关系。其重要性和与中心圆环的关系可以用三种方式来表示：圆环的大小、位置、跟中心圆环连线的特点。

（2）优势视角的评估。优势视角对于协助有无价值感、无力感和无助感的残疾人会特别有帮助。在这一理论视角中,问题被界定为个人需要与环境要求和资源间的不平衡。运用优势视角做评估会看四个方面,即环境的优势、个人的优势、环境的缺失、个人的缺失。社会工作者和服务对象一起填充这四个方面的资料,可以使用简单的图示来进行优势视角的评估。

2. 生理心理社会视角的评估。这是社会工作中常用的看问题的视角。运用这一视角评估的有利之处在于,不仅可以评估生理方面的功能状况,而且可以探讨心理和社会方面的功能状况,找到稳定、改善或解决服务对象的问题的途径。

3. 社区需求评估。社区需求评估通常会采用定量和定性两种研究方法。通过分析人口统计数据、开展社会调查、召开社区公众会议和代表会议、开办焦点小组等,了解社区残疾人的需求。需求评估通常包括社会保障、交友、教育、就业协助、行为调适上的协助、居家生活协助、社区无障碍方面的协助、健康协助、社区中的支持网络等内容。

(三) 选择介入模式

1. 危机介入

危机介入模式对于处理新确诊或刚刚残疾的服务对象的问题很适用。社会工作者要有长远眼光,残疾可能会永久性地改变一个人,因此在危机介入之后与服务对象一起对未来进行筹划。

还应注意的是,残疾本身不是导致服务对象出现危机的唯一潜在因素,不要把残疾假定为危机的主要先导因素。社会工作者要让残疾人自己来确定残疾本身是否在其经历的危机中起了作用。

2. 增能模式

增能模式把增能理论运用于社会工作实践中。运用这一模式开展残疾人社会工作有八项指导原则。

(1) 运用经验反思来推动残疾人问题的解决,以此调适社会关系,促进社会进步。

(2) 通过运用充权技巧确保服务对象的基本需求(衣食等)得到满足来

强化服务对象的动机。

(3) 保持心理上的舒适和自信,将压迫来源外化,减少自责。

(4) 通过教授技能以及提供体验的机会提升解决问题能力并推动自我引导。

(5) 运用专业人员的技巧,诸如意识强化和教育,在社会工作者与服务对象间践行平等和公平。

(6) 只要时机恰当,运用增能技巧开展小组工作和社区工作,就能推动社会改变。

(7) 所持专业立场是有意识地把受压迫的经历作为对服务对象开展工作的一个问题来处理。

(8) 了解辅导工作的过程与方法,了解政治程序至关重要。

3. 倡导模式

社会工作者常常采用倡导模式,代表残疾服务对象表达需求,维护权益。这是一个十分重要的工作模式。社会工作者在运用这一模式时要注意区分两种服务对象:不能表达自己需求的服务对象和不能采取行动让自己的需求为人所知的服务对象。

4. 自助小组

自助小组是残疾人资源网络的重要组成部分,发挥着至关重要的支持、倡导和教育作用。自助小组也常常能让残疾人接触残疾文化,找到角色榜样,对其生活有积极的作用。

社会工作者在自助小组中常常扮演促进者的角色。他们会率先发起自助小组,提供咨询,开展初期的培训,给组员提供支持,帮助确定小组的领袖人选。在小组运行一段时间,有了自己的领袖后,社会工作者一般就不再担当领导角色,只是在必要的时候给小组提供支持。

5. 社区工作模式

主要的工作方法有以下五种。

(1) 调动资源。具体的步骤为:协助残疾人找到社区内一些潜在的、有帮助价值的人际网络和服务资源;鼓励并激发这些人际网络发挥作用;调动不同的可运用的资源和支持网络去帮助服务对象;调动志愿者定期探访和组织活动,联络邻居在老年人遭遇危急情况时提供照应等。

(2) 创造新资源。社会工作者协助建立一些新的互助团体或支持团体,可以采用以下形式:遇到类似困难和问题的残疾人所组成的互助或支持团体;一些照顾者的团体;服务性的志愿者团体;倡导性团体等。

(3) 社区联络。与社区内不同组织、人士建立和保持一种合作的关系,从而为解决残疾人的问题创造良好的人际环境,大致有两类联络和合作形式:针对某些残疾人、事件或问题的短期性联络和合作;建立具有持续性的联络和工作关系。

(4) 社区倡导与教育。社区倡导是为一些备受忽视的残疾人争取合理的照顾和权益的做法,包括在机构内和本社区为残疾人争取更好的服务、提出合理的政策建议、改善残疾人的处境。教育是要让社区公众明白和体会一些身处困境中的残疾人的状况,消除他们对残疾人的偏见和歧视,从而争取让更多的社区公众支持和参与残疾人工作。社区教育的方式包括社会工作者直接散发宣传品、举办讲座和其他社区宣传教育活动等。

(5) 个案管理模式。个案管理模式广泛用于处理有综合性需求的残疾人的问题,特别是为有持续需求的服务对象提供服务。个案管理能够处理服务的分割化问题,提供持续性的、协调的服务,满足服务对象的多种需求。

本章小结

残疾的概念演变、对残疾人的认识等与经济社会发展和文明进步密不可分。对残疾人的残疾情况的分类越来越科学和精细,这都有利于推动残疾人事业发展,增进残疾人福祉。作为一个特殊的社会群体,残疾人所面临的问题既有普遍性也有特殊性。开展残疾人社会工作需要理论指导和专业方法介入，为残疾人提供更加贴合需求和促进功能发展的综合性服务。

思考题

1. 请结合身边残疾人的生活现状，举例说明残疾人社会工作的重要性和必要性。
2. 选择一种残疾人社会工作理论，阐述其基本观点，并说明该理论对残疾人社会工作的启发。
3. 残疾人社区工作方法有哪些具体内容？

第二章　残疾人社会工作项目设计与管理

随着我国经济社会的发展和改革开放的深入，传统的救助式残疾人服务供给模式因回应性不强、形式单一，已经难以满足残疾人日益多元化和具有发展性的社会服务需求。在这样的背景下，政府购买社会服务，尤其是运用专业力量，逐渐成为政府运用社会资源满足残疾人公共需求和解决社会问题的主要方法。项目制就是政府购买社会服务的运作模式，项目活动是全部社会服务的重心：满足需求、完成使命依靠项目，筹款依靠项目，培育组织、培养团队依靠项目。项目开发与管理是社会服务机构最基本、最重要的一种能力。因此，本章基于残疾人本身的特点与残疾人面临的问题，重点论述残疾人社会工作项目设计与管理，突出项目设计思维和项目管理的重要性。

第一节　残疾人社会工作项目开发概述

一、项目的定义

随着工业革命的到来，人类的工程建设活动内容不断拓展，许多建设投资活动要求有一定的期限、特定的目标、建设规模和范畴、技术方案和管理体系，于是近代把这种投资建设活动称为“项目”。目前，几乎所有投资建设活动或研究活动都是以项目化形式进行管理和执行的。推动残疾人事业高质量发展的重要手段之一也是以项目化形式来实现的，如康复、就业、教育和社会融入等。

美国项目管理协会（Project Management Institute，PMI）在其出版的《项目管理知识体系指南》（*Project Management Body of Knowledge*，PMBOK）一书中对项目的定义是“为创造独特的产品、服务或成果而进行的体系化的工作”。通常而言，项目的定义是，以一套独特而相互联系的任务为前提，有效地利用资源，为实现一个特定的目标所做的努力。它在工作范围、进度计划和成本方面都有明确的目标。以下活动都可以被称为一个项目。

（1）开发或运营一项产品。

（2）计划举行大型活动（如策划组织婚礼、大型国际会议等）。

（3）策划一次自驾游。

（4）ERP的咨询、开发、实施与培训。

（5）成立并运营一款品牌。

项目管理是一个过程，即制定计划然后执行计划以完成项目任务。对于一个具体的项目来说，通常有以下特征：

（1）有一个明确的目标。

（2）项目的执行需要完成一系列相互关联的任务。

（3）需要运用各种资源来执行计划。

(4) 有具体的时间安排或有限的周期。

(5) 每个项目都有实施机构。

(6) 每个项目都有客户(受益群体)。

(7) 每个项目都有不确定性(风险性)。

二、残疾人社会工作项目的概念

在政府购买残疾人社会工作的模式下,社会工作者面对需要帮助的服务对象时,应学会利用和整合社会资源,特别是服务对象及其环境所拥有的能力与资源以提供专业服务,目的是促进服务对象生活状况的改善与社会价值的提升。残疾人问题的复杂程度高、需求范围广,并不是依靠单一的工作方法就能解决的,而是需要系统性介入和长期性介入。因此,笔者认为残疾人社会工作项目是指以残疾人及其所在环境为对象,由经过专业训练的社会工作者遵循社会工作价值理念,运用社会工作方法技术,为满足服务对象多样性的社会需求,在一定的周期内,链接和利用社会资源,根据立项要求,按照明确的服务目标和干预内容所实施的一系列系统关联的任务。这也意味着社会工作者在实际工作中需要具有宏观的视野,不仅从残疾人个体出发,而且需要结合残疾人所处的环境和面临的形势,运用系统性思维,采取整合性的策略策划各类主题和不同作用的残疾人社会工作项目,为有需要的残疾人提供更加有效的社会服务。

三、残疾人社会工作项目设计的原则

"设计"一词始见于中世纪欧洲的建筑和空间设计行业,其基本含义是根据特定的要求、模式或规范(如建筑风格、空间布局要求)事先对建筑或要调整的空间进行框架方案规划,形成施工参考图表和技术实施方案的过程。项目设计是一种具有建设性、逻辑性的思维过程。此过程的目的就是总结所有可能影响决策的决定,对未来起到指导和控制作用,最终借以达到方案目标。鉴于残疾人本身的特点和实际的困难,残疾人社会工作项目的开发设计不仅需要合理的、有秩序的、有创意的策划与理念来协调，而且需要严密的、系统的、规范的组织与管理来安排。

项目设计各个环节之间环环相扣、紧密联系、相互影响，如果项目设计不成功，那么项目设计的后续环节也就会跟着偏离。因此，在设计残疾人社会工作项目时，社会工作者需要遵循一定的原则，并从以下方面进行综合考量。

（一）项目领域

社会服务机构在设计残疾人社会工作项目时，首先要考虑选择或坚决不选择哪个服务领域，主要基于以下四个方面的考量。

1. 纳入政府购买服务目录

社会服务机构申请的项目首先要属于政府购买服务的目录范围，否则就不满足最基本的前提条件。政府各部门发布的购买服务公告中都有目录范围，地方残疾人联合会、民政局和精神卫生中心等部门的购买服务目录范围有所不同，与该部门的职能领域关系密切，社会服务机构需要根据购买服务目录的覆盖范围设计项目。例如，2020 年，上海残联系统各单位计划通过政府购买服务形式或委托服务形式开展 225 个助残服务项目，这些项目均被收录在《2020 上海市助残服务项目汇编》中，覆盖了残疾人及其家庭生活需求、社会支持需求和残疾人成长发展需求、法律服务需求等领域。社会服务机构要设计残疾人社会工作项目框架，就要研究每一类项目的内涵和范围。

2. 契合政府的政策导向

残疾人事业是一项政策性极强的工作，涉及多个部门、多个领域。残疾人问题的复杂性和解决过程的长期性要求全社会共同努力，而建立健全与残疾人相关的政策法规就是其中极为重要的内容。但政府部门的政策导向会随着经济社会的发展而发生变化，政府的重点工作转变以及主管领导变动也会对政府购买服务产生影响。社会服务机构如果能够将自身发展与政策导向结合起来，就会有助于提高项目申请的成功率。《国务院关于全面建立困难残疾人生活补贴和重度残疾人护理补贴制度的意见》（国发〔2015〕52

号)的发布,是保障残疾人生存发展权益的重要举措,对于解决残疾人特殊生活困难和长期照护困难等问题具有重要意义。补贴对象范围和标准将随着经济社会发展水平和城乡低保标准的变化适时调整。社会服务机构申请残疾人居家养护类的项目就要认真解读政策,根据所在地的补贴标准设计项目内容。

3. 关注社会热点

残疾人社会工作项目设计思路首先要考虑到残疾人本身所面临的难点和痛点问题。目前,残疾人及其家属普遍关注的问题包括残疾儿童康复、适龄残疾儿童青少年就学、就业年龄残疾人就业、老年残疾人养老、残疾人社会歧视、适婚年龄残疾人交友与婚恋、无障碍环境建设、残疾人家属长期照顾压力与家庭经济贫困、残疾人奔小康与共同服务等。如果社会服务机构申请的项目能够与这些问题相结合,就具备了项目实施的群众基础。

4. 发挥机构自身优势

社会服务机构在策划项目方案前,需要机构负责人或项目负责人带领项目团队成员运用 SWOT 方法,全面、客观地分析机构的优势、弱势、机会与威胁,在机构业务范围和所擅长的领域内申请项目;要充分整合和利用自身的资源优势,包括以往类似项目的服务经验、项目团队的构成及资质、完善的组织架构和健全的管理制度、在同类服务项目中的影响力,落地社区、服务对象、志愿者及有关组织和单位的合作关系,等等。

(二) 目标设定的原则

社会服务机构申请的残疾人社会工作项目都要设定一个目标,这个目标要符合三项原则。

1. 具体明确

残疾人社会工作项目的目标应该是具体的而不是宽泛的,不能是过于抽象的描述,要用比较具体的语言描述项目所要达到的目标。

2. 可衡量

残疾人社会工作项目要把抽象的宏观目标变为实际的、可衡量的目标,不能只是停留在口号或空话上。比如，项目的服务对象有多少人，提供服务的具体形式是什么样的，活动的次数有多少，服务对象人群类别有哪些，都要具体明确。目标具有可衡量性有利于社会服务机构规范严谨地开展项目，也有利于第三方评估机构顺利进行项目监测与评估。

3. 可达到

残疾人社会工作项目的目标应该是通过努力能够达到的。申报的项目应与该机构从事的具体业务领域相匹配，不宜是完全不熟悉的崭新业务领域。同时，社会服务机构要有相匹配的专业人才队伍和落地村（社区）的基础。需要注意的是，项目服务的目标群体（如精神障碍残疾人、孤独症青少年等群体）都参与项目活动是不可能的。

（三）受益群体确定原则

残疾人社会工作项目都有明确的受益群体，在项目实施的过程中，对受益群体的选择不能是随意的，而应该遵循一定的原则。

1. 明确受益群体的范围

在选择受益群体问题上，社会服务机构应注意三个方面：

(1) 受益群体的选择应具体化。政府购买服务应针对某个特定对象，比如对某个视障残疾人来说，要重点满足其一种需求。受益群体范围的确定与机构的定位相关，专业机构更应该有明确的服务定位和业务范围，这样能够保证项目的专业化和精深化。

(2) 明确受益群体的选取方式。受益群体的选择过程更应突出公益性，要在项目书中说明以什么标准或逻辑确定服务对象，应优先考虑困难群体的需求。

(3) 要注意受益群体的地域性。本地残疾人社会工作服务项目的受益群体应该是本地居民，如果超出了地域范围就不可能得到支持。

2. 了解受益群体的迫切需求

社会服务机构应先进行需求调研，了解受益群体的需求，然后再申请立项。社会服务机构应进入村（社区），通过上门访谈、参与式观察和问卷调查等方式，了解服务对象比如肢体障碍残疾人及其家属等的个性化、特殊性需求。密切关注这些服务对象最迫切需要解决的问题和需要的服务，尽力做到雪中送炭。

3. 受益群体形成一定规模

残疾人社会工作项目不是私人服务，项目要具有公共性，服务要尽量覆盖更多的人。如果能适当安排一些上门体检、康复指导、融合性文娱活动等，很多残疾人就可以参与并从中受益，项目也就能够覆盖村（社区）里的绝大多数残疾人。只是服务于少数人的项目的公共性是不够的，而且人均服务成本偏高。比如，有的项目资金数额是十几万元，但是只服务于十来个人，受益面过窄，不能达到政府购买服务资金的标准。一般情况下，每个残疾人社会工作服务项目的直接受益人数不能少于50人。

4. 重点将困难群体作为受益群体

残疾人社会工作项目是市场提供机制的补充，尤其像福利彩票公益金支持项目，更要强调将困难群体作为受益群体。以残疾人就业项目为例，项目要重点针对肢体残疾人、精神残疾人和聋哑人等开设，通过职业咨询、职业评估、职业培训、职业指导等环节开展技能培训和职业康复，帮助残疾人学习和掌握实用的职业技能，提升就业信心，实现就业愿望。

（四）项目模式的设计原则

在设计残疾人社会工作项目时，社会工作者要考虑该项目的模式是否具备可行性、专业性、可持续性、可复制性和创新性。

1. 可行性

考量残疾人社会工作项目的可行性主要是看该项目是否具备实施的基础。有些项目的设计初衷比较好，但是无法落地执行，这就要考虑项目的可行性如何。可行性具体包括以下三个方面。

第一，机构的实施团队是否具备足够的承接能力，是否具备相关的实务工作经验，项目定位是否与本机构的业务范围、团队能力相匹配。

第二，如果项目实施需要与其他单位合作，该机构是否能获得合作单位的支持。比如，残疾人村（社区）融合项目是否能获得所在镇（街道）及落地村（社区）的支持，是否拥有落地村（社区）内外的必要资源。

第三，机构是否能动员足够的服务对象。有足够的服务对象参与是项目顺利实施的基础。对某些人群的动员和服务可能比想象中困难很多，有些机构在设计项目时过于理想化。比如，很多后天疾病或意外事故导致视障的残疾人长期自我封闭，害怕甚至拒绝与外界进行交往，社会工作者要与这群人接触或为其提供服务都存在困难。再比如，针对肢体残疾人职业技能培训项目，虽然有些肢体残疾人身体状况允许，具备一定的劳动就业能力，但他们安于现状，因此动员他们参与项目会比较困难。

2. 专业性

残疾人社会工作项目要体现出一定的专业性，即项目在理念、方法和管理机制等方面要具有专业水准。社会服务机构由具备相关专业背景的全职、兼职工作人员组成，要能够体现"专业人做专业事"，能够发挥本机构的专业特长和服务优势。比如，有关专业人员要运用社会工作、心理学、康复医学、护理、精神卫生、美术、音乐、科技、法律等方面的专业知识和技能，发挥专业价值和职业优势，为残疾人提供专业的服务。

3. 可持续性

项目的需求是持续发生的，而且该服务模式可以持续满足服务对象的需求，这就是残疾人社会工作项目的可持续性。比如，残疾人家属长期照顾家中的残疾人，甚至有的家庭存在一户多残等问题，这些家庭普遍存在心理服务需求。如果社会服务机构前期经过充分调研后，策划了残疾人家属关爱服务项目，那么其服务手段和服务内容可有效满足服务对象的需求，这种项目就具备了可持续性。

4. 可复制性

残疾人社会工作项目的可复制性是指项目具有示范推广的可能。项目服务模式的有效性、需求普遍性和易操作性使得该项目可在更大范围内进行复制推广，其他地区和机构可以学习借鉴，而不需要特殊的前提条件。在政府购买服务的过程中，有些好的项目可推广性强，适合在条件相似的其他地区复制，供其借鉴。

5. 创新性

残疾人社会工作项目的创新性是指项目具有独特性，区别于其他同类型的项目。残疾人社会工作项目的立项审核模式是差额评选，在征集到的大量备选项目中，具有创新性的项目更易得到评审专家和资助方的关注与支持。残疾人社会工作项目的创新性主要体现在两个方面。

(1) 关注的社会问题具有独特性。这种独特性是指项目组成员敏锐地发现了新的需要解决的社会问题，项目针对的服务对象或其存在的问题是此前很少被关注到的。比如，近几年的视障残疾人携带导盲犬进出公共场所被拒绝、视障残疾人如何跨越数字障碍等。

(2) 解决问题的方法具有引领性。某些项目运用新的服务方法或选择新的理念视角可以解决一直存在的社会问题。比如，项目组成员会使用园艺疗法推动精神残疾人社会康复，通过艺术疗法提升孤独症儿童的社交能力等。这些有益的探索实践，在介入理念、方法运用上都比较具有引领性。

(五) 活动方案的设计原则

残疾人社会工作项目的活动方案是项目设计的主体部分，即在一定的时间内，项目要开展什么活动、提供什么服务。

1. 提供的是服务而不是硬件设施

政府购买服务，购买的是“服务”而不是“物资”，残疾人社会工作项目强调人对人之间的柔性服务。项目不能设计单方面给钱给物的活动，比如不是给残疾人捐赠轮椅或助听器，也不是为其增加无障碍设施。这就要求项目不能停留在单纯捐款捐物的层面上，而是要把项目资金投入直接服务中。有些机构往往忽略了这一点，以为只要给大家做了好事就都是合理的。在有的服务项目的预算资金中，硬件的购置费用占到了一半，这样的项目就偏离了政府购买服务的规范要求。

2. 活动设计应有前后逻辑性

残疾人社会工作项目首先是一个项目，而不是一个活动，也不是几个活动的拼盘。项目是有前后逻辑关系的服务活动的有机组合，是由普遍到特殊、由浅入深开展服务的过程。比如，残疾人家属心理关爱服务项目，通常是先开展村(社区)需求调研分析，然后开展参与面广的讲座培训，再开展部分人员参与的沙龙活动、小组工作和社区融合活动，以及喘息服务，之后针对个别家属的特殊需求，开展一对一的个案辅导和咨询，最后进行总结提升和自我评估。

3. 服务活动与目标相对应

(1) 围绕核心主题设计活动。在活动方案中，不要安排与主题无关的活动，要围绕项目的核心主题来设计活动内容，否则就会偏离项目的目标和初衷。比如，项目主题是失聪者的子女家庭教育，就要紧密围绕失聪者家庭亲子关系开展各项活动，不要设计与之没有关系的兴趣班、文体娱乐等活动。

(2) 项目的活动不能零散化。一个项目不要涉及太多领域，整个项目不能零散化，不是活动搞得越多越好。有的项目涉及其他领域的活动过多，什么服务都想做，导致什么服务都很难做好。有的项目涉及残疾人艺术培训、上门慰问、摄影培训、法律咨询等领域，这种项目就不可能做得精细。

4. 服务手段多元化

虽然项目的活动不能涉及太多领域，但是在开展某一项服务的时候，服务的手段应该多元化，不要过于单一。服务的手段是指对某一类人群的服务手法，比如讲座培训、小组工作、个案辅导、社区活动等形式。如果一个项目只有讲座这一种形式，就显得单调，不符合政府购买服务的要求。在活动设计中，社会工作者可以考虑采取多样化的形式。比如：残疾人居家养护项目可以采取上门慰问、心理咨询、家政服务等形式；失聪者的家庭亲子教育项目可以采取读书会、故事会、家长沙龙、绘本课程等形式；残疾人法律宣传项目可以采取村(社区)政策法规大宣传、讲座培训、知识竞赛等形式。

第二节　残疾人社会工作项目设计方法

一、逻辑框架分析法概述

作为残疾人社会工作项目设计的主要工具的逻辑框架分析法（Logical Framework Approach，LFA）最初是由美国国际开发署（USAID）于 1970 年开发并使用的一种设计、计划和评价的工具。此后，许多较大型的援助组织，也有双边的援助组织都根据各自的需要对该方法做了修改。加拿大不仅把这种方法应用于国际发展援助项目，还把它应用于国内公共投资项目。国际组织之所以会把"逻辑框架分析法"作为援助项目的计划、管理和评价方法，主要是因为社会组织的宗旨在于解决社会问题，找准社会问题，聚焦目标，有针对性地执行方案，并且能有效地评价项目价值，这才是社会组织通过项目方式解决社会问题的初衷。

逻辑框架分析法是一种提高项目质量的工具，是以目标为导向的项目规划与项目管理的分析工具。逻辑框架分析法也是一种概念化论述项目的方法，即用一张简单的框图来清晰地分析一个复杂项目的内涵和关系，使之更易于被理解。它强调项目目标的实现与影响项目目标的各种要素之间的逻辑关系及其相互影响，强调与项目相关的部门和群体的参与。采用这种方法可以建立起项目各主要要素之间的关系，同时明确项目各主要要素与预计的投入规划的项目活动、预期成果这三者之间的逻辑关系。

逻辑框架分析法的核心概念是事物的因果逻辑关系，即"如果"提供了某种条件，"那么"会产生某种结果；这些条件包括事物内在的因素和事物所需要的外部因素。逻辑框架分析法不仅仅是一个分析程序，更重要的是一种系统分析问题的思维框架模式，通过明确的总体思维，集中分析与项目运作相关的重要关系，确定"谁"在为"谁"干"什么"，弄清楚"什么时间""为什么""怎么干"，确定工作范围和任务，设计、策划的项目目标等，对项目目标和达到目标所需的手段进行逻辑关系的分析，如表 2 - 1 所示。

表 2 - 1　逻辑框架分析法

<table>
<tr><th colspan="5">愿　景</th></tr>
<tr><th>层次关系</th><th>内容描述</th><th>指标</th><th>指标出处</th><th>重要假设</th></tr>
<tr><td>总目标</td><td rowspan="3"></td><td rowspan="3"></td><td rowspan="3"></td><td></td></tr>
<tr><td>具体目标(影响)</td><td></td></tr>
<tr><td>成果(产出)</td><td></td></tr>
<tr><td></td><td></td><td></td><td></td><td></td></tr>
<tr><td>活动</td><td colspan="2">投入方式</td><td colspan="2">投入成本</td></tr>
<tr><td></td><td></td><td></td><td></td><td></td></tr>
<tr><td colspan="5">前提条件</td></tr>
</table>

由于项目管理的一切活动都以目标管理为核心，将项目目标的实现程度作为评价项目管理成功与否的重要尺度，项目管理的基本特征与逻辑框架的结构功能完全对应，因此逻辑框架分析法应该作为项目目标管理的核心方法，在项目管理中应居于重要地位。

另外，我们也必须认识到，逻辑框架也是一个动态、灵活的管理工具，需要根据工作进展情况定期(如年度)地进行修订。社会工作者在操作中要注意，必须充分考虑和尊重项目执行机构的规划方法和规划程序，根据参与者的文化知识水平、文化特征、机构层次与归属、社会层次等灵活地采用不同的方法。

二、逻辑框架矩阵的基本模式

在项目管理中，每一阶段都由一系列步骤组成，各个步骤的结果即逻辑框架分析的结果将最终形成一个逻辑框架表，对项目关键部分进行总结。

由于该表能够充分体现表内所包含的各项内容之间的逻辑关系，而且这种逻辑关系构成了一个 4×4 矩阵式框架结构，因此又被称为逻辑框架矩阵，如表 2 - 2 所示。

表 2 - 2　逻辑框架矩阵

项目目标的层次	客观验证指标	客观验证方法	外部条件(风险因子)
宏观目标(macro goal)	指标	评价、监测手段和方法	实现宏观目标的主要条件
项目目的(objective of the purpose)	目的指标	评价、监测手段和方法	实现项目目的的主要条件
项目产出(project output)	产出物和定量指标	评价、监测手段和方法	实现产出的主要条件
投入和活动(input and activity)	投入方式和定量指标	投入成本等	落实投入的主要条件

项目目标的层次为逻辑框架矩阵的第一列，展示如何将项目投入转化成项目活动和项目产出，以及这些项目活动和项目产出又如何反过来服务于项目目的和宏观目标。这一列也被视为对项目的总结。

逻辑框架矩阵的第二列描述的是验证项目各目标层次实现与否的指标。

逻辑框架矩阵的第三列是客观验证方法，即验证手段。

逻辑框架矩阵的第四列展示的是影响项目目的和宏观目标成功实现的一些外部条件(风险因子)。目标层次不同，则外部条件也有差异。于是，逻辑框架矩阵在横向和纵向上都展示了一定的逻辑关系。

(一) 逻辑框架矩阵中的层次

逻辑框架分析法将项目目标分成四个层次。

1. 宏观目标

体现为宏观计划、规划、政策方针等对项目提出的目标要求，往往是一个国家、地区、部门或资助方的整体目标。这个层次的目标确定和指标选择一般由国家或行业部门来完成。宏观层次的目标要求项目必须与国家发展目标、国家产业政策和行业规划等方面的要求相联系。宏观目标往往需要多个项目的贡献才能实现。

2. 项目目的

项目目的是希望项目达到的直接效果，一般应考虑项目为残疾人目标群体带来的效果，主要是社会和经济方面的成果及其作用。这个层次的目标由项目实施机构和独立的第三方评估机构来确定。项目目的是达到宏观目标的分目标之一，往往一个项目仅有一个项目目的。项目管理的使命是要努力保证项目目的的实现。项目目的要解释为什么开展这个项目。

3. 项目产出

这里的“产出”是指项目“干了些什么”，即项目的建设内容或直接产出物。一般要提供可计量的直接结果，要直截了当地指出项目完成的实际结果(如服务的残疾人人数、服务活动频次、获得的资源情况、参加服务的志愿者人数及服务时长等)或出版服务手册、制作影音视频等。各项成果是实现项目目的的必要条件。它们从效果来看应是合适的、必要的、足够的。

4. 投入和活动

该层次是指项目的实施过程及其内容，包括人、财、物等的投入。所计划的投入活动要详细到可以运作的程度。为了产出成果，项目管理者必须进行相应的投入，各项产出成果与外部条件(风险因子)结合构成实现项目目的的先决条件。

(二) 逻辑框架矩阵中的垂直逻辑关系

以上四个层次的要素自下而上构成了三个相互联结的逻辑关系：

第一级：如果有一定的资源投入并很好地管理，就可以保证一定的产出；

第二级：项目的产出成果可以为实现项目目的准备条件；

第三级：项目目的对整个区域乃至整个行业更高层次目标的实现具有

十分重要的作用。

在了解逻辑框架分析法的各个步骤以后，人们很快就会发现逻辑框架矩阵具有以下特点。

（1）如果有投入，就可以开展活动。

（2）如果有活动，就会有相应的产出。

（3）如果有相应的产出，相应的项目目的就能够实现。

（4）从长远观点来看，这些将有利于宏观目标的实现。

前两条假设是项目管理者可以掌握的，因此具有较高的肯定程度。然而当项目进展到较高层次，处于管理以外的风险因子影响力增强的时候，项目目的和宏观目标实现的可能性就会越来越小。要实现项目目的和宏观目标，就必须满足以下外部条件。

（1）一旦进行项目的投入活动，在一定的重要假设条件下，就应取得相应的产出成果。

（2）一旦实现这些产出，同水平的重要假设条件得到保证，就可实现项目目的。

（3）一旦项目目的实现了，同水平的重要假设条件得到保证，就可以为宏观目标的实现做出应有的贡献。

（三）逻辑框架矩阵中的水平逻辑关系

LFA 的垂直逻辑分清了评价项目的层次关系。每个层次的目标水平方向的逻辑关系则由客观验证指标、客观验证方法、重要假设和外部条件构成，从而形成了 LFA 的 4×4 逻辑框架。水平逻辑包括以下三项内容。

1. 客观验证指标

各层次目标应尽可能有客观的可度量的验证指标，包括数量、质量、时间和人员。客观验证指标应具备下列条件。

（1）清晰的量化指标，以测定项目的成功程度。

（2）必须针对项目的主要目的，突出重点指标。

（3）验证指标与对应目标的关系明确合理。

(4) 验证指标与层次目标一一对应，是唯一的。

(5) 验证指标必须是完整的、充分的、定义准确的。

(6) 验证必须是客观的，不是人为可以变动的。

(7) 对于难以找到直接验证指标的目标，可以采用间接指标。

(8) 验证指标应具有明确的定义、定量和定性的数据以及规定的时间，以提高其准确度。

2. 客观验证方法

这里，我们需要把握以下三点内容。

(1) 数据收集类型应符合能够对相应层次的指标进行验证的要求。每个层次的指标都有不同的数据收集要求，因此数据收集必须有针对性，简明扼要。

(2) 需要说明资料信息来源的可靠性，找出省钱省时的途径。一般的信息来自项目单位、服务对象，落地项目管理镇（街道）有关社区，或来自残联组织和民政等有关部门出台的文件等。

(3) 关于数据收集方法，要确定所收集的数据符合信息管理的质量要求，再编制表格。如果采用抽样调查的方法，就应对抽样规模、内容、统计标准等进行充分考虑和安排。简单的抽样调查或案例分析是不够的，验证指标一般都有一些比较常用的数据收集和处理方法、技巧，可根据要求和条件加以选择。

3. 重要假设和外部条件

它主要是指可能对项目的进展或成果产生影响，而项目管理者又无法控制的外部条件，即风险。对于影响项目实施的外部条件，项目管理者无法进行控制。有可能发生的条件，便可作为重要假设条件而被列入逻辑框架矩阵内，提醒项目管理者注意检视此类条件的变化。如有可能，项目管理者应施加一定的影响，使其尽可能向有利于项目实施的方向转化；除考虑人员、资金和时间等限制因素之外，项目管理者还应考虑以下五个因素。

(1) 法律法规，对项目的活动和结果有无限制，是否会因此而增加影响和风险。

（2）政策因素，分析项目与政策的适应性等。

（3）环境因素，分析项目对环境的影响，以及随之要承担的责任和义务。

（4）财务限制，包括筹资渠道和规模的限制。

（5）影响组织机构的各种因素，如人力资源供应、行政干预、人员流动等。

及时预测和分析上述因素，对成功实现项目宏观目标具有重要的促进作用。

总之，逻辑框架分析法作为一种分析模式，如果在残疾人社会工作项目设计的过程中加以运用，对于项目决策者、管理者和评估者来讲，可以事先对项目所要解决的问题进行细致的分析，明确项目目的和宏观目标，以及可以用来鉴别其结果的手段，这样对项目的科学设计和实施大有裨益。

三、逻辑框架分析法在项目设计中的具体操作

社会工作是一项运用科学的方法提供助人服务的活动。因此，社会工作者在采用逻辑框架分析法设计残疾人社会工作项目前，必须考虑到服务对象的需要，社会工作服务项目又该如何回应服务对象的这些需要。现代管理学之父彼得·德鲁克（Peter Drucker）在《非营利组织管理》一书中指出："非营利组织需要市场知识，需要制定一个长期和短期目标的营销计划，即需要承担营销责任，需要严肃认真地满足客户需求。这不是说我们知道什么东西适合他们，而是要知道什么是他们认为有价值的东西以及如何把这些东西送到客户手中。"这段话告诉我们，项目设计要以需求为导向。运用逻辑框架分析法设计项目，基本思路是通过采取多元的需求调研方法，从残疾人发展现状和遇到的问题入手，找到制约发展的根本原因，从而为确定社会工作项目的目标奠定决策基础。项目目标确定后，将围绕目标进行具体策略和行动的分解与规划，最后将项目目标、行动等组装成一个 4×4 矩阵式框架结构（或称项目计划一览表），作为项目实施的计划性指导文献。具体操作过程可划分为需求分析阶段和项目策划阶段，如表 2－3 所示。

表 2－3　需求分析和项目策划操作过程

需求分析阶段	项目策划阶段
利益相关者分析	逻辑框架：投入、风险因子、验证指标和验证手段
问题分析(问题树)	活动日程
目标分析：长远目标、管理目标、产出和活动(目标树)	投入与成本进度
对策分析：SWOT 分析	

（一）利益相关者分析

大量项目评估报告和研究报告表明，残疾人社会工作项目实施方对受益的残疾人及其所处的环境缺乏全面的了解，是导致项目出现问题的普遍原因。项目管理者在确定项目目标的同时，还应考虑目标能否被项目的参与人员认同和接受。一个好的项目目标可以保证项目的顺利进行，同时也可以使项目组织管理人员统一思想，达成共识，这是取得成功的必要条件。因此，进行利益相关者分析的目的是通过对所有与项目有关的个人、团组和机构(包括所有可能受到项目影响的团组)的分析来了解他们的兴趣和期望。残疾人社会工作项目的要求是，目标不仅要反映项目实施方的自身需求，还要反映社会和利益相关组织的需求。为了理解问题的实质，社会工作者必须调查所有参与组织的想法及建议。同时，社会工作者对参与者分析的方法如下。

(1) 列出所有受到项目影响的团体、个人和机构。

(2) 将可能受到影响的团体、个人和机构进行分类，分清哪些是参与者，哪些是非参与者，并对参与者在今后项目实施过程中的态度(是潜在的支持力量还是反对力量)进行分析。

(3) 特性描述和分析：① 描述参与者的特性，包括社会性(成员、社会背景、宗教、风俗习惯)、参与者的人员构成、权力结构关系、对项目的态度等；② 需要、愿望、兴趣(公开的或隐蔽的)、动机(希望、期望、忧虑)、(对实施机构和部门的)态度;③ 潜力,包括参与者的长处(能力、特长、资源等)、短处,参与者是否愿意为项目做出贡献。

(4) 优先考虑的问题:① 哪些残疾人最需要得到外部帮助;② 哪些相关残疾人应得到支持,以确保项目的顺利开展。

在参与者分析中,社会工作者必须弄清谁是真正的受益者,分析项目完成后受益者的状况会有什么改变:他们是否得到了实惠,收入是否得到提高,健康状况是否得到改善,生活费用是否下降。同时,社会工作者还要分清谁是项目的受损者,了解受损程度如何、如何补偿受损者。参与者分析应鼓励尽可能多的人采取正式或非正式的方式参与到项目目标的规划工作中来,比如可以通过发放调查问卷和进行面对面的访问等方式进行。无论采用何种方式,均可以采取开放或封闭形式提出问题,尽量广泛地收集信息,并对信息进行分类处理。

(二) 问题分析

为了正确编制出项目的逻辑框架,社会工作者必须了解问题与对策之间的内在联系。对这种联系的理解将有助于建立起项目的投入、实施、产出、近期作用和长远影响之间的逻辑关系。一般采用问题树的方法进行分析,这种方法也称为因果关系图,它用一种简明的图来明确表示各因素之间的关系。

问题分析的步骤包括:记录所有的问题、选择核心问题,在核心问题下列出问题的直接形成原因、直接效果,然后列出间接形成原因和间接效果。这样就构成了以核心问题为中心的“树”和“树枝”,如图 2-1 所示。一般应采用“头脑风暴”(brainstorming)法对目标问题进行分析,以确定问题的形成原因和结果。

问题分析的目的是通过对现有情况的分析,查明重要问题,确定核心问题,用图表(问题结构表)显示因果关系。问题树分析可以从问题出发进行分析,也可以从项目的宏观目标出发进行分析,确定为了保证目标的实现项目需要做出的贡献。这时,制图者需要从下到上弄清问题产生的基本原因,在图上不断补充，提出项目的产出结果，分析其向上产生的作用，逐级推断，找出与宏观目标的联系，找出宏观目标，以便全方位地观察问题、研究对策。

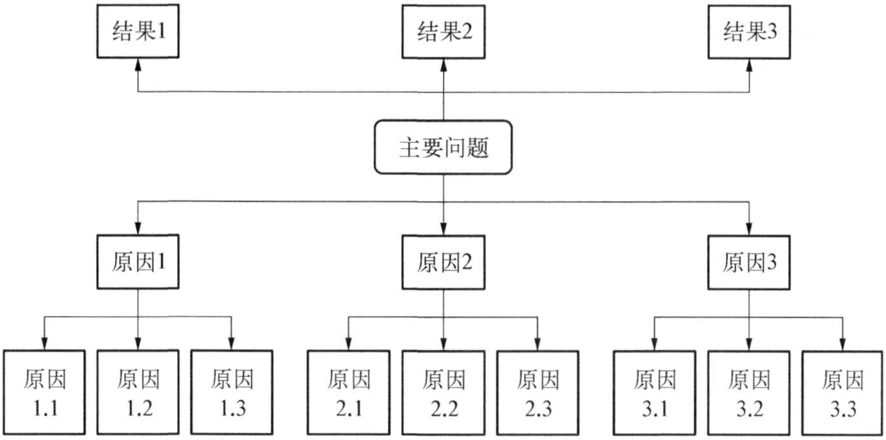

图 2－1　问题树

（三）目标分析

目标分析的目的是描述问题解决以后将要达到的状态（目标），建立目标树。在目标分析过程中，问题树被转化成目标树（将来解决问题的方案），然后进行分析。有些问题可能与项目目的没有直接的关系，但项目目的一旦实现，问题就可以得到解决，关键取决于其他外部条件，社会工作者需要从战略上采取措施。当然这些措施不可能由项目自身来实现，而需要对项目实施中的有关工作进行密切的监测，作为项目的重要外部条件进行评价和限定。

在目标分析中，社会工作者一般应对目标进行层次分解，确定分目标和项目各个阶段应该实现的产出目标；针对目标进行项目的多方案对比分析，选择可以反映产出形态的分析方法；分析项目的经济效益、风险和可持续性、环境和社会以及受益者等。通过目标分析，弄清项目的逻辑链，包括行业和项目目的、预期产出、采用措施和所需投入，从而建立起项目的逻辑框架目标树，如图 2－2 所示。

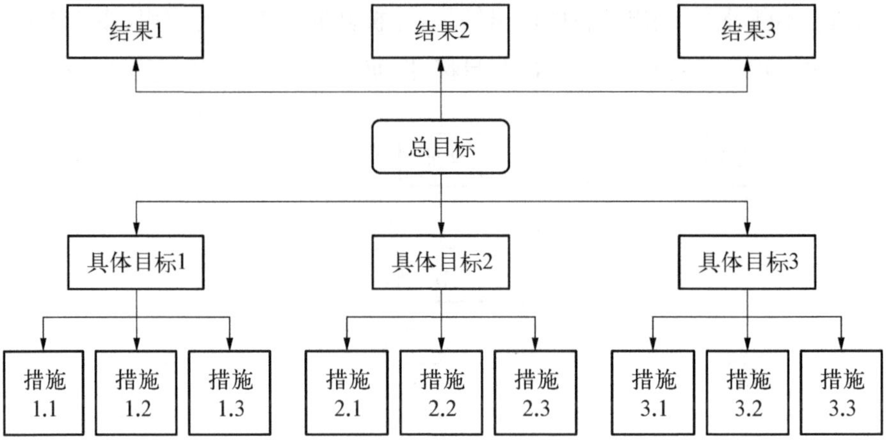

图 2－2　目标树

设计目标树：自上而下分析问题，把问题树上所有表述问题的文字改写成目标树（正面陈述）。关键问题同样在措辞上转化成目标，并不再配着重符号。措辞的困难可以通过明确问题的原有陈述方式得以解决。如果根据问题改写的措辞没有意义，就改变措辞，形成另一个目标，或保持原有的问题不变。

通过目标树，我们可以检查某一层次的目标能否达到。例如，问题是"原因 A，结果 B"，目标是"通过措施 X，结果获得 Y"。需要注意的是，每一个因果关系并不会自动变成措施—结果关系，需要灵活调整；自下而上地分析目标，确保因果关系已转化成措施—结果关系。最后，在目标树上用线条把措施—结果联结起来。

（四）对策分析

对策分析是指对目标树分支的选择，用于从多个项目目的中选择一种具有可操作性的目标，也称替代分析、策略分析。对策分析的目的是要确定几个策略方案，找出问题的各种解决途径，以便对项目方案进行决策。策略方案的选择过程，既是对项目进行战略决断的过程，也是对项目规模、投入等进行的定向分析过程。

1. 对策分析方法

(1) 指出切合实际的目标。

(2) 找出实现目标的各种可能的途径(备选方案)。

(3) 综合考虑发展政策上的优先顺序、地区内的具体条件(包括技术、物资、人力)、投入产出比、时间上的持久性以及其他机构的竞争与合作等因素,对不同方案进行比较。

(4) 确定最佳项目方案。在考察和鉴定可行性研究的基础上,选择最佳方案。在逻辑框架的分析过程中,一般通过"问题树"分析得到"对策树",每一项对策都针对一个问题,然后将对策树直接转化为项目的逻辑框架。

对各方案的可行性逐一进行评估,选择一个方案作为项目战略,若难以形成一致意见,则增加评估标准,或者对照目标树对最有前途的方案进行增删。进行对策分析时,我们要注意以下几点:(1) 问题优先顺序;(2) 现有总预算额度;(3) 相关性;(4) 成功的把握;(5) 时间安排。

2. 策略分析工具——SWOT 分析法

SWOT(态势)分析法是常用的方法之一,就是将与研究对象密切相关的各种主要内部优势因素(strengths)、弱势因素(weaknesses)、机会因素(opportunities)和威胁因素(threats),通过调查罗列出来,并依照一定的次序按矩阵形式排列起来,然后运用系统分析的思想,把各种因素相互匹配起来加以分析,从中得出一系列相应的结论(如对策等),如表 2-4 所示。

表 2-4　SWOT 分析法

	积　极	消　极
内部	优势因素 独特能力 特殊资源	弱势因素 资源弱势 经济弱势
外部	机会因素 优势条件 对手的弱势	威胁因素 弱势条件 对手的不良影响

这种分析方法最早是由美国旧金山大学的管理学教授海因茨·韦里克在20世纪80年代初提出来的。在此之前，早在20世纪60年代，就有人提出过SWOT分析法中涉及的优势、弱势、机会、威胁这些变化因素，但只是孤立地对它们加以分析，而SWOT分析法则用系统的思想将这些看上去独立的因素相互匹配起来进行综合分析。运用这种方法，有利于人们对组织所处的情境进行全面、系统、准确的研究，有助于人们制定发展战略以及与之相应的对策。进行SWOT分析时，我们主要把握以下三个方面的内容。

1. 分析环境因素

运用各种调查研究方法，分析出所处的各种环境因素，即外部环境因素和内部能力因素。外部环境因素包括机会因素和威胁因素，它们是外部环境对机构的发展直接有影响的有利因素和不利因素，属于客观因素，一般分为经济的、政治的、社会的、人口的、产品和服务的、技术的、市场的、竞争的等因素；内部环境因素包括优势因素和弱势因素，它们是机构在其发展过程中自身存在的积极因素和消极因素，属于主动因素，一般分为管理的、组织的、经营的、财务的、销售的、人力资源的等因素。在调查分析这些因素时，我们应考虑到机构的历史与现状，而且更要考虑到公司的未来发展。

2. 构造SWOT矩阵

将调查得出的各种因素根据轻重缓急或影响程度等排序方式排列出来，构造SWOT矩阵。在此过程中，将那些对机构发展有直接的、重要的、大量的、迫切的、久远的影响的因素优先排列出来，而将那些有间接的、次要的、少许的、不紧急的、短暂的影响的因素排列在后面。

3. 制定行动计划

在完成环境因素分析和SWOT矩阵的构造后，我们便可以制定出相应的行动计划。制定计划的基本思路是：发挥优势因素，克服弱势因素，利用机会因素，化解威胁因素；考虑过去，立足当前，着眼未来。运用系统分析的综合分析方法，将排列与考虑的各种环境因素相互匹配起来，得出一系列机构未来发展的可选择对策，包括：（1）最小与最小对策（WT对策），即考虑弱势因素和威胁因素,目的是努力使这些因素都趋于最低。(2) 最小与最大对策(WO 对策),即着重考虑弱势因素和机会因素,目的是努力使弱势因素降到最低,使机会因素趋于最大。(3) 最小与最大对策(ST 对策),即着重考虑优势因素和威胁因素,目的是努力使优势因素趋于强大、威胁因素趋于弱小。(4) 最大与最大对策(SO 对策),即着重考虑优势因素和机会因素,目的在于努力使这两种因素都趋于最强。可见,WT 对策是一种最为悲观的对策,是处于最困难的情况下不得不采取的对策;WO 对策和 ST 对策是一种苦乐参半的对策,是处于一般情况下采取的对策;SO 对策是一种最理想的对策,是处于最为顺畅的情况下十分乐于采取的对策。SWOT 矩阵分析如图 2-3 所示。

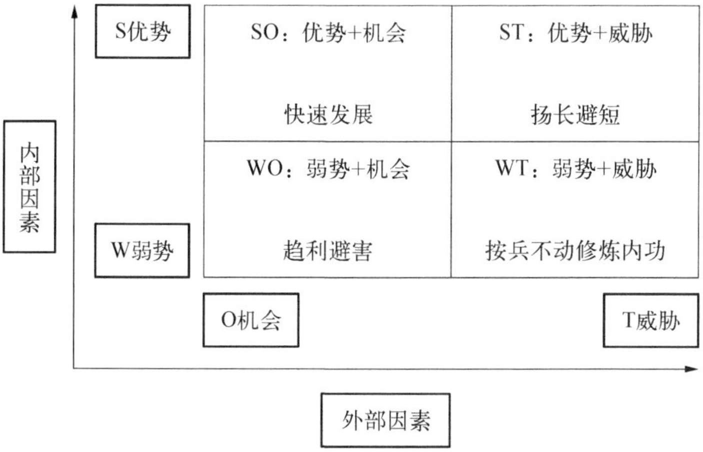

图 2-3　SWOT 矩阵分析

SWOT 分析的结果视不同的研究对象和研究目的而不同：在战略研究中称作战略计划,在发展研究中称作发展对策,在市场研究中称作市场对策,在管理咨询中称作管理对策等。由于其中包含的各种因素及其分析结果所形成的对策都与时间范畴有着直接的关系,所以在进行 SWOT 分析时,我们可以先划分一定的时间段分别进行 SWOT 分析,再对各个阶段的分析结果进行汇总,并进行整个时间段的 SWOT 矩阵分析,这样有助于更加精确地分析结果。

（五）项目设计

在经过完整的需求分析后，我们就进入项目设计环节，需要针对实际的需求设计一系列的服务计划。一旦选择了计划策略，就可以从目标树上找出计划的主要组成部分，明确项目要素，建立逻辑框架矩阵。项目设计流程如图 2-4 所示。

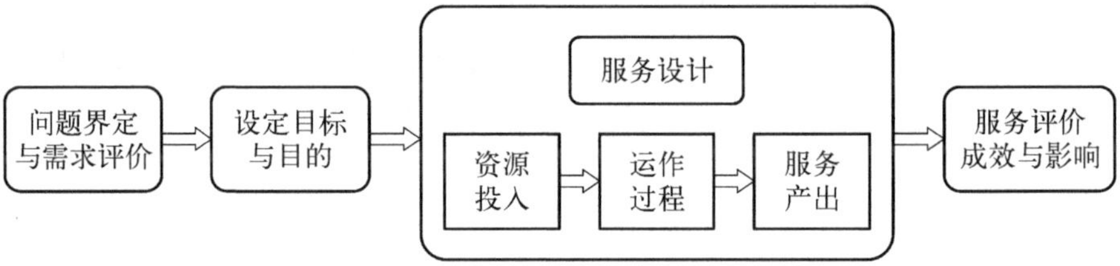

图 2-4　项目设计流程

第一步：制作逻辑框架矩阵

只有在对计划涉及的残疾人进行深入分析以后才能够往矩阵中填写内容。逻辑框架矩阵有纵向逻辑性和横向逻辑性，如表 2-5 所示。我们在填写之前一定要仔细斟酌，以照顾到其逻辑性。

表 2-5　逻辑框架矩阵中横向表格单元的逻辑关系

层　次	A 总结	B 验证指标	C 验证方式	D 风险因子
宏观目标				
项目目的	A2			
产出	A3			D3
活动	A4			D4

如果我们开展了这些活动（A4），且这些风险因子（D4）能避免的话，就能够实现这些产出（A3）。

1. 自上而下进行下列分析，如表 2－6 所示。

表 2－6　目标—产出—活动分析

层　次	含　　义
宏观目标	从长远角度来看，项目希望实现的宏观目标即开展项目的目的
项目目的	开展项目的直接原因，或者说项目成功、按时实施而产生的结果
产出	项目活动所带来的结果，即项目计划结束时应该实现的目标
活动	为了将投入转化为产出（或结果）而采取的行动或开展的工作，是对项目顺利进行需要开展的工作的总结，主要投入是指资金、人力和物资

（1）目的的选择必须符合下列条件：① 目的只有一个；② 能够充分服务于宏观目标；③ 具有现实性，一旦有了产出，就能够实现目标；④ 明确项目的目标群体；⑤ 容易界定和验证（目标应该是需要达到的一种状态而不是一个过程）。

（2）要想找出产出，就要对已经归类成各种备选策略的目标进行分析并重新表述这些子目标，使得经重新表述的各子目标产生的结果能够保证项目目的的实现，要保证：① 找出实现目标所必不可少的所有产出；② 所有的产出都是管理计划能够保证的；③ 所有产出都是可以用简明的语言表述的、可以界定和验证的。

（3）找出管理计划需要开展的具体行动或活动以保证这些产出的实现。只需要指出计划的基本框架和策略即可，而不用对活动进行详细的讨论。详细的活动日程可以在逻辑框架矩阵内填好以后进行讨论，要保证：① 找出得到预期产出所必不可少的活动；② 所有的活动都能够服务于相应的产出；③ 只列出管理计划中需要开展的活动；④ 活动内容是以需要采取的行动（而不是以结果）的方式来表述的；⑤ 这些活动从机构、环境、技术、文化等角度来说明比较合适。

2. 确定计划投入

投入指的是完成管理计划活动所需要的物质的和非物质的手段。投入是以捐赠方、受赠方政府及利益相关群体所提供的资金、人力资源、服务和物质资源等形式来体现的。总投入必须实事求是地反映所拟定产出的实际需求。项目投入的填写在逻辑框架矩阵第二栏的最后一行。

在确定投入的时候，我们必须注意以下五点：

(1) 投入与具体的活动具有直接的联系。

(2) 确定的投入是完成活动的充要条件。

(3) 对投入描述的详细程度应适可而止。

(4) 投入(数量和质量)可以验证和界定。

(5) 投入从目标区的机构、社会、文化、技术、环境等方面来说是比较恰当的。

3. 确定外部条件(风险因子)

在分析阶段，我们很容易发现这一点，即单靠一个综合管理计划或周边地区管理计划是无法实现目标书上反映出来的所有目标的。一旦确定了项目策略，肯定有些目标处在管理部门的能力之外，这些目标可能会成为管理计划的外部条件(风险因子)。外部条件(风险因子)是管理方几乎或完全无法控制的，影响管理活动成功开展的事件、条件或决定，也就是那些管理方法无法施加影响而它们却能够影响管理计划的实施和管理效果的可持续性的因子或事件。

不是所有的外部条件(风险因子)都需反映在逻辑框架矩阵里，例如那些实现的可能性比较高的外部条件(风险因子)。下列信息将帮助我们确定哪些因子需要列入逻辑框架矩阵的第四列内。

要想使项目取得成功，就必须重视这些外部条件(风险因子)并对其进行监测。因此，我们必须尽早找出外部条件(风险因子)，并在设计的过程中予以考虑，以便能够：

（1）确定风险或成功的概率。

（2）通过对计划的重新设计而避免加重风险。

（3）明确管理的职责范围。

（4）明确需要进一步论证调查的内容。

就如目标一样，外部条件（风险因子）也需要用简练、易于验证和界定的语言进行描述。确定外部条件（风险因子）时，我们从目标树的根部开始，自下而上地进行考察：

（1）检查即将开展的活动是不是足以获得预期的产出，或者是否还需要借助管理部门以外的条件。

（2）检查投入是否足以完成预期的活动，是否需要借助管理部门以外的力量。

（3）自下而上地找出逻辑框架矩阵各个层次上的外部条件（风险因子）。

（4）有些外部条件（风险因子）可以从目标树上没有纳入管理计划策略的那些目标中考虑。

4. 确定验证指标和验证手段

明确目标和产出以后，就要确定验证指标。验证指标就是对宏观目标的实现程度进行验证的指标，可以是直接的，也可以是间接的，但是必须明确而且能够验证。验证指标反映管理计划需要达到的标准，以及如何验证管理计划各项目标和产出的实现程度。验证指标需要包含下列内容：对象、数量、质量、时间和地点。对于每一个目标和产出都需要制定验证指标，最好是确定几个验证指标，如表 2－7 所示。

表 2－7　验证指标

指　标	内　容
可以测量	验证指标能够进行定性或定量测定
可行	验证指标在资金、设备、技术和时间上可行

续　表

指　标	内　容
相关性和精确性	验证指标能够比较精确地反映希望测量的东西
敏感	验证指标能够在预定的时间内反映管理活动带来的变化
及时	验证指标能够及时地提供信息

对于每一个验证指标，我们都需要列出验证手段并确定以下内容：

(1) 所用资料的格式。

(2) 由谁来提供这些信息和资料。

(3) 信息资料提供的时间间隔。

我们必须对管理计划以外的验证资料的可获得性、可靠性、与指标的相关性进行评估，还必须对由项目自身产生验证资料的工作和成本进行评估。

此外，我们必须用简单、花费少的验证指标来取代那些无法找出合适验证手段或花费非常多的验证指标。

第二步：制定项目实施计划

项目实施计划即项目活动安排表（如表 2-8 所示），是指导项目日常实施的不可缺少的文件，它是项目计划表中“措施活动”一栏在具体实施策略、执行时间、执行负责人、所需人员、经费和物资投入等方面的细化和展开，是项目实施过程中进行日常监测评价的重要依据。通常在项目启动计划研讨会上制定好项目活动安排表后，分成不同的工作小组，根据承担的任务细化活动，制定实施计划。在编制好实施计划以后，就可以确定活动所需投资和投资安排，对于第二、三年的活动以季度为基础确定管理活动，对于第四、五年的活动以年为基础做出工作计划即可，具体的步骤如下：

表 2－8　项目活动安排表

活动措施 1	活动名称 1	参加对象	参加人数	具体措施（内容、形式及程序）	活动时间	活动地点	项目负责人	项目预算	人力投入	备　注
	活动名称 2									
	活动名称 3									
活动措施 2	活动名称 1	参加对象	参加人数	具体措施（内容、形式及程序）	活动时间	活动地点	项目负责人	项目预算	人力投入	备　注
	活动名称 2									
	活动名称 3									
活动措施 3	活动名称 1	参加对象	参加人数	具体措施（内容、形式及程序）	活动时间	活动地点	项目负责人	项目预算	人力投入	备　注
	活动名称 2									
	活动名称 3									

（1）参照项目计划表中的主要活动措施，确定并描述相应的具体活动措施，要求措施有可操作性。

（2）参照对应的成果所规定的时间指标，确定活动措施所对应的时间区间。

（3）确定项目负责人。

（4）制定项目投入预算，包括人力、经费、专家人数。

第三节　残疾人社会工作项目的运营与管理

社会服务机构在成功获得政府购买或社会资金资助后，就要着手项目的运行。对于在村（社区）里实施的残疾人社会工作服务项目，社会服务机构应该按法律法规和项目协议的要求，通过和村（社区）、合作单位的对接，落地开展社会工作服务项目。

一、项目实施的准备阶段

（一）组建项目团队

1. 专职人员招募和遴选

项目执行机构（或称“项目团队”）都有专兼职工作人员，在承接运营新的残疾人社会工作服务项目之后，应根据项目类型的不同，补充招募相应的专兼职工作人员，可以通过熟人推荐的方式进行招聘，也可以进行公开招聘。比如，通过招聘网站、微信公众号和微信群等途径进行线上招聘，也可以通过张贴海报、发放宣传单等方式进行线下招聘。

残疾人社会工作服务项目能够顺利实施，离不开项目执行机构，依靠所有工作人员的服务能力和执行能力。项目遴选团队成员的关键原则是认同，项目团队成员应对残疾人事业产生内心的认同，在项目实施过程中秉承相同的价值理念和行为标准，大家朝向一个共同的目标努力。

2. 志愿者招募和遴选

残疾人社会工作服务项目都是公益性项目，具备在社会上招募志愿者的价值基础。项目执行机构的专职人员是有限的，通常需要招募一批有公益心和服务意识的志愿者，他们能以无偿或低偿的形式为残疾人服务。实际上很多人都有奉献精神，都愿意为社会做出贡献，只是缺乏施展的平台。

(1) 多种渠道招募志愿者。在招募志愿者的过程中，项目执行机构可以采取以下策略。

一是利用互联网招募志愿者。通过网站、微信公众号等渠道，扩大招募工作的影响力。充分发挥"志愿北京"等互联网支持平台的作用，广泛招募志愿者，还可以在网络平台上记录志愿服务时间、给予激励回馈，实现志愿服务的常态化运行。

二是与驻区单位的党团组织合作。很多村(社区)都有驻区单位，比如政府部门、企业、学校、医院等，还有些村(社区)周围有企事业单位。这些驻区单位的党支部、团支部往往会有共建活动，他们不知道怎么开展活动、去哪里开展活动。项目执行机构可以建议他们去村(社区)里参与志愿服务，将这些驻区单位的党团员职工纳入自己的志愿者队伍之中。

三是与高校社团建立合作关系。与所在地区高校的青年志愿者协会、各学生社团积极联络，招募大学生志愿者，为志愿服务活动提供人力支持。

(2) 善于利用各类志愿者。项目执行机构要善于利用不同年龄段和背景的志愿者，发挥他们的长处，为残疾人公益服务做出贡献。

一是老年志愿者。相对于为事业而打拼忙碌的年轻人，老年人对所在村(社区)的归属感更强。老年人有更高的服务热情，有更充裕的服务时间，有更多的社会阅历，有为社会发挥余热的意愿，在应对突发状况时更有经验。他们长期居住在本村(社区)，对服务对象的需求更了解。在村(社区)残疾人服务项目中，项目执行机构可以根据老年人(主要是低龄、刚退休的老人)的生活阅历和身体状况，组织他们参与村(社区)志愿活动。比如，让老年人扮演政策宣传员、残疾人关爱员、协商议事员、矛盾调解员、权益维护员等角色，使他们在闲暇之余能够接触社会，为村（社区）残疾人做一些力所能及的工作。

二是企业志愿者。企业志愿者有不同的行业背景，他们可以为村（社区）带来不同的企业文化和专业支持，传递人文关怀，使村（社区）残疾人能接触到社会上不同的人，参加不同类型的活动，丰富残疾人的精神文化生活，开阔他们的视野。

三是学生志愿者。学生具有较浓的青春气息，能够激发服务对象的生命活力，使服务对象对生活充满热情。学生参与志愿服务也是对自身进行思想道德教育的重要途径，有利于志愿服务精神的传承。

（3）严格遴选志愿者。残疾人本身的特殊性要求对志愿者的遴选要慎重，有些申请人纯粹是为了利益和名誉，还有些申请人不具备志愿服务的基本能力和素质。志愿者遴选包括面谈、培训、审核、试用等一系列环节。在服务过程中，志愿者的服务效果如果不符合要求，那么项目执行机构有劝退的权利。

（4）对志愿者进行分类管理。项目的服务对象往往是多样化的，活动形式和服务手段也是多元化的。项目执行机构可以根据服务方式的不同，吸纳不同类型的志愿者，比如提供上门家政服务、心理疏导服务、医疗健康服务的志愿者。岗位不同，志愿者的工作任务也有差异，比如有些志愿者是在机构内部协助内勤或行政开展服务，有些志愿者是在外面参与项目。志愿者还可以分为专业志愿者和非专业志愿者，这和项目内容有关，比如在残疾儿童教育服务项目中，康复医学、心理学、特殊教育学等专业的志愿者就被视为专业志愿者，市场营销、行政管理等专业的志愿者则是非专业志愿者。因此，项目对志愿者的技能要求各有侧重，项目执行机构要根据服务的类别，成立相应的志愿服务小组，对志愿者进行分类管理。

3. 开展团队培训

（1）社会工作者培训。对项目执行机构专职社会工作者进行项目理论、专业服务内容和能力培训，包括残疾人活动策划、需求调研方法、组织动员技巧、社会工作者自我修养等内容，帮助他们树立正确的社会工作理念，提高服务技能与质量，并由其带领和引导志愿者开展具体服务。

(2) 志愿者培训。在确定志愿者名单之后，项目执行机构要制定志愿者队伍管理的基本规章制度，做好统一管理和培训工作。要根据不同村（社区）残疾人志愿服务需求，设计有针对性的志愿者培训课程，比如解读志愿精神，志愿者的权利和义务，志愿服务技巧、沟通技巧、团队合作等，增强志愿者队伍的向心力和凝聚力，促进志愿者个人成长。

（二）建立项目管理机制

项目管理机制是对项目的选定、计划和实施的过程，在有限的时间和资源条件下，为实现项目目标所做的一系列决策和所采取的一系列措施。

1. 人员管理机制

(1) 建立人员分工机制。残疾人社会工作服务项目规模不一，项目执行机构成员一定要有分工。项目执行机构要有专门的项目管理人员，实行项目负责人制，且负责人要具备带领团队的经验；要根据项目任务情况划分机构的职能，编制一份工作人员任务书。项目执行团队的架构要清晰合理，有明确的人员分工及责任划分，每项工作都要做到分工明确、责任到人。

(2) 建立人员沟通机制。人员沟通机制分为上行沟通、下行沟通和平行沟通。上行沟通是指下级将意见反映给上级，有层层传递和越级反映两种形式。下行沟通是领导者对员工进行的自上而下的信息沟通。平行沟通是组织中各平行部门之间的信息交流。有效的沟通机制可以把项目管理的信息正确传达给相应的人员。

2. 进度管理机制

在残疾人社会工作服务项目实施中，项目管理人员要有紧迫感，一定要建立进度管理机制。项目执行机构要及时了解和监控项目实施过程，推动项目体系的规范化和制度化，使过程控制做到精细化和系统化，确保项目按时履约完成。

(1) 编制详细的工作计划。根据项目协议中规定的时间节点，在项目实施方案的基础上编制详细的工作计划，将任务分解到项目团队中的各个部门和有关责任人，各部门再根据每月实际需要完成的工作编制月度工作计划。

(2) 建立定期会议制度。定期会议制度有助于在项目团队成员之间形成良好的沟通氛围，也有利于人力资源、财务会计等相关人士及时掌握项目的执行状况，以确保项目沟通顺畅。根据项目周期，项目执行机构可以每半个月召开一次项目执行人员例会。

3. 成本管理机制

残疾人社会工作服务项目都有固定的预算，应严格按照预算执行项目。残疾人社会工作服务项目的支出主要包括工作人员劳务费、志愿者补贴、专家培训费、场地费、材料费、交通费、宣传费、管理费和税费等。有些项目在执行过程中，原定预算不合理、外部因素变动是造成项目超支的主要原因。为了避免项目超支，项目执行机构可以采用具有针对性的应急措施，及时调整项目方案，尽可能减弱它们对项目的负面影响。

4. 财务管理机制

残疾人社会工作服务项目的资金审批下达后，项目资金使用内容应与项目申报预算相一致。残疾人社会工作服务项目的资金要做到专款专用，不得挪用。由项目负责人与项目团队根据项目实施需要申请使用，不得用于与项目内容无关的支出，也不得由项目团队以外的人支配使用。残疾人社会工作服务项目资金在财务核算上应实行专账核算，即按照资金来源、资金支出分别设立专项明细账，准确核算、明确记录发生的每笔费用。

项目执行机构要建立资金使用审批制度，包括原始票据列支、明细购物清单、人员劳务成本指标造册、较大项目列支；同时，还要建立报表制度，需要编制项目收支决算表和项目收支报表。

5. 质量管理机制

质量管理是残疾人社会工作服务项目管理的核心。要打造精品项目，靠的是良好的质量保证体系，而质量保证体系的正常运行，需要建立和运行完善的质量管理机制。残疾人社会工作服务项目的质量管理是实现服务效能的要求，进而才能让服务对象满意、购买单位满意、所在村（社区）满意、其他利益相关方满意。负责项目实施的部门要定期进行内部评审，对内审不达标的部门进行跟踪记录；要制定管控指标，对服务对象的满意度进行测评，出现不满意的情况要提出整改方案并进行检查评估。

（三）前期调研与需求评估

1. 了解村（社区）基本情况

项目工作人员通过资料收集、实地参观等多种方式，了解镇（街道）、村（社区）的发展历史和现状、残疾人的数量及分布、文体康复设施设备配置情况、社会组织数量和服务情况、残疾人服务活动开展情况等，以便为项目执行提供基础资料。

2. 了解村（社区）残疾人的服务需求

通过进行问卷调研、提供开放空间、开展访谈、举办沙龙等多种形式，项目工作人员邀请残疾人及其家属表达自己的具体需求。村（社区）残疾人的服务需求是现有的村（社区）残疾人服务和惠残政策所不能满足的那一部分需求。在调研之后，如果大家的需求都比较倾向于某一方面，就说明该方面的需求具有普遍性和公共性。

3. 初步设计实施项目的方案

结合村（社区）里的实际情况、居民的服务需求和项目执行机构的能力与资源，项目工作人员初步设计残疾人社会工作服务项目的方案，为项目的启动奠定基础。但初步的项目方案并非最终的实施方案，这个初步方案是在与合作单位洽谈的时候作为基础方案使用的。

二、残疾人社会工作服务项目的实施阶段

（一）合作方沟通

1. 确定合作方

残疾人社会工作服务项目的合作方主要包括辖区企事业单位、村（社区）商家、社会组织、志愿服务组织和其他慈善力量等。项目执行机构要与

合作方提前进行沟通，确定合作的相关事项，以保障活动的顺利开展。当前，残疾人社会工作服务项目资金往往来自镇（街道）及以上财政资金或其他社会资金，只需村（社区）提供场地和协助组织人员参加。这实际上是在为村（社区）里的残疾人提供公益服务，协助村（社区）解决社会问题，村（社区）的配合程度往往较高。

2. 确定项目实施地点

受到项目资金的限制，残疾人社会工作服务项目不可能覆盖全部镇（街道）所有残疾人。项目实施地点，主要是指具体的村（社区）。在确认过程中，项目执行机构与对项目感兴趣、态度积极的村委会或社区居委会或辖区单位取得联系，确定项目的实施地点。

3. 开展项目研讨并细化方案

（1）听取残疾人对活动设计的意见。在活动正式开始之前，项目工作人员通过发放问卷、召开座谈会等方式进行需求调研，有的放矢地开展活动；邀请项目的潜在服务对象及其家属共同参与到活动策划中，根据他们的意见改进活动策划方案，使活动形式和内容更加贴近残疾人需求。

（2）与村（社区）合作，进行方案细化。项目具体方案要考虑到不同村（社区）的特点和需求。项目执行机构按照合作方的需求对项目管理、活动策划和村（社区）参与等环节提出明确的要求，进行细致安排。通过与合作方一起举行项目对接会，项目执行机构对项目管理环节进行细致的设计，使之更加符合基层工作的实际情况。

（二）进行残疾人需求和志愿者资源匹配

1. 建立残疾人服务需求档案

项目工作人员收集村（社区）中残疾人的数量和每个服务对象的住址、身体状况、服务需求、生活习惯和兴趣爱好等信息，录入服务对象综合信息平台，建立志愿服务需求档案。

2. 开展志愿服务对接

项目工作人员根据志愿者的个人特长、职业特点和服务专业度，对志愿者和服务对象进行有效匹配。采取一对一、一对多、多对一的综合结对方式，做好服务对接工作，结合服务对象的情况制定具体的志愿服务计划。

（三）准备活动物资和场地

1. 整合村（社区）已有资源

（1）拉近与辖区单位的关系。辖区单位（如企事业单位、学校、医院、康复机构等）有志愿者资源、物资资源和场地资源，这些资源都是项目得以顺利开展的重要基础。项目执行机构可以主动与辖区单位拉近关系，吸引其更多地关注村（社区）残疾人服务，在辖区单位中招募志愿者和募集捐赠物资，从而拉动更多的社会资源投入残疾人公益事业。

（2）尽量使用免费资源。残疾人社会工作服务项目应遵循厉行节约的原则，而且公益服务理应得到全社会的支持。项目活动需要的场地、设施尽量使用村委会或社区居委会或辖区单位的免费资源，比如村（社区）文化活动中心、中小学的运动场、辖区单位的会议室等场地，以降低项目成本。在无法争取免费场地的情况下，项目执行机构再考虑通过租赁方式解决场地问题。

（3）充分发挥村（社区）社会组织的作用。残疾人社会工作服务项目要调动各方面的积极性，让更多的有识之士参与进来。要充分发挥村（社区）社会组织和能人的作用，比如邀请书画社成员绘制有关残疾人公众宣传的海报。

2. 物资和场地准备

（1）物资准备。有些残疾人社会工作服务项目需要准备必要的物资，比如手工活动、书画活动、趣味运动会等。在活动开始前，项目工作人员要清点已有的活动物资，确保采购的物资符合活动要求，同时开具的发票应符合财务报销要求。

（2）场地准备。村（社区）残疾人文体康复活动、培训讲座活动等残疾人社会工作服务项目都需要布置场地，具体包括桌椅摆放、横幅悬挂、灯光控制、音响调整等。在场地准备中，项目工作人员不仅要布置好活动现场使用的道具，还要积极为活动的开展营造良好的氛围。

3. 获取服务对象名单

多数村(社区)残疾人服务项目都是针对某类特定人群的，要根据项目的目标，确定服务对象的范围和条件。在实施残疾人社会工作服务项目时，项目工作人员可以联络镇(街道)残疾人组织提供残疾人的名单。

(四) 进行村(社区)宣传和动员

宣传和动员是开展各项工作必要的前提，尤其是在基层城乡社区，就显得格外重要。残疾人社会工作服务项目在正式实施前和实施过程中，都要注意在居民群众中进行广泛的宣传和动员，扩大服务项目的受益群体，营造和谐友好的社区环境。

1. 多渠道进行宣传

通过多渠道的宣传，居民可以了解残疾人社会工作服务项目的内容和效果，提高项目在居民群众中的认知度，有利于扩大项目服务的覆盖面。

(1) 召开村(社区)动员会议。村(社区)动员会议由村委会(社区居委会)主任主持，村(社区)积极分子、楼道长(村民小组长)参加。项目工作人员要准备一份项目活动的策划书向大家介绍，内容包括如何开展工作、项目实施、活动经费、活动内容等。在宣传和发动的过程中，项目工作人员先做部分人的工作，再由楼道长(村民小组长)、志愿者以点带面进行宣传，以提高活动的参与率。

(2) 利用村(社区)宣传栏和村(社区)网站进行宣传。项目工作人员将村(社区)现有资源(如LED屏、宣传栏、展板等)作为媒介发布项目信息，并注明活动的时间、内容、受众，在镇(街道)、村(社区)网站上发布项目信息，在网上开通微博，通过居民的微信群、QQ群，也可以利用村(社区)微信公众平台，对残疾人社会工作服务项目进行全面宣传推广。

(3) 发放宣传资料。项目工作人员向村(社区)残疾人发放列明项目活动内容的宣传单、折页等宣传资料；要在宣传资料上留下项目执行机构的联系电话和电子邮箱；将实施机构信息和活动刻录成光盘，或制作成短视频，发放到各村委会或社区居委会、活动中心等进行播放，使更多的人能够知晓该项活动，从而在村(社区)中形成较大的覆盖面。

2. 广泛发动居民参与

残疾人社会工作服务项目有较强的公益性，公益的一个重要方面就是参与的广泛性。因此，残疾人社会工作服务项目要吸引更多的居民参与到志愿服务中。

(1) 发动积极分子和楼道长(村民小组长)。村(社区)中的积极分子和楼道长(村民小组长)能够发挥带头作用，凭借自身的影响力调动其他居民的参与积极性。选择态度积极的志愿者作为典型，深入动员残疾人及其家属参与项目活动，同时利用口碑吸引更多的居民参与，有助于共同推动本地区的残疾人融入村(社区)。

(2) 通过文体团队进行宣传。村(社区)中的文体活动参与人数众多，各类文体队伍如合唱队、舞蹈队都有很多成员，他们中的大部分也是热心公益事业的积极分子，可以通过这些团体向居民扩散宣传。

(3) 利用村(社区)大型活动开展项目宣传。社区居民对综合服务活动的积极性和参与程度，要高于单独组织活动。项目承接机构要利用好村(社区)主题文艺晚会、邻居(里)节等大型活动，将其作为平台，借力开展项目宣传。

(4) 给予积极参与的残疾人一定奖励。为调动残疾人参与的积极性，项目工作人员可以在每次活动结束后，赠送小礼品作为鼓励。在培训类活动中，项目工作人员可以在参与者中评选出进步最显著奖、风采之星等，鼓励残疾人更主动地参与项目活动；可以采取活动积分的方式，比如参与一次活动记一定的积分，根据参加次数核算总分，对参与较多者奖励一份礼品。

3. 让居民持续主动参与

村(社区)残疾人服务项目要扩大影响力和覆盖面，就要让村(社区)残疾人了解和认可服务内容，提高他们的参与率，变被动参与为主动参与。

(1) 打消残疾人的疑虑。一是让残疾人及其家属了解政府购买服务政策。项目执行机构要加大对政府购买服务政策的宣传力度，告知其家属不收取任何费用，逐步打消家属的顾虑。二是让服务对象接受新的服务模式。有些村（社区）残疾人服务项目的模式较新，残疾人及其家属不了解、不接受，需要项目工作人员耐心、细致地做工作。

（2）形成品牌吸引力。如能够坚持不懈地定期组织活动，就可以让大家看到残疾人社会工作服务项目的成果，从而不断地提高项目的参与度和影响力。项目活动的工作不要流于形式，要追求实际效果，这样才能逐步提升居民的认可度，促进和保障村（社区）残疾人服务项目的顺利开展。

（五）实施村（社区）服务工作

完成村（社区）宣传和动员之后，就到了村（社区）服务工作的实施阶段。要更好地开展村（社区）残疾人服务项目，项目工作人员应着重注意以下几个方面。

1. 完善活动的组织工作

按照活动特点划分，村（社区）残疾人服务项目的类型可以分为户外服务活动和培训类活动，两类活动的开展有不同的注意事项。

（1）户外服务活动的组织。村（社区）残疾人服务项目中的户外服务活动主要是趣味运动会、大型展览展示、户外拓展活动等。开展户外服务活动，往往面临户外场地协调和资金限制方面的问题。在这些情况下，项目工作人员可以动用各种伙伴机构资源，促进活动的顺利举办。如果户外活动无法开展，就要改成室内活动。

（2）培训类活动的组织。培训类活动在残疾人社会工作服务项目中占有很大比例，基本上是在室内开展的，比如健康讲座、电脑培训、兴趣课堂等，培训类活动的注意事项如下：

① 注重多种授课方式的使用。可以尝试打破讲授式培训的惯常模式，尤其是针对轻度智力障碍青少年的培训，要将参与式、互动式、游戏式与讲授式的培训形式相结合，用问答的方式带动课堂气氛。注重学员的全程参与和经验分享，他们不仅是学习者，同时也是分享者和建设者。

② 形成良好学习风气。残疾人社会工作服务项目中的免费培训活动往往对残疾人缺乏约束力，甚至有的残疾人想来就来、想走就走。针对这种可能出现的情况，项目工作人员要对残疾人说明参加培训的要求和规则，注重培养和引导残疾人遵守规则、积极参加培训活动，形成良好的学习风气。

③ 对残疾人适当给予鼓励。在兴趣类培训活动（如书画班、电脑班、器乐班等）中，残疾人的基础不同、接受能力参差不齐，领会不到位的残疾人会失掉信心，项目工作人员要注意对他们多加鼓励，动员学习能力较强的学员与领会慢的学员互动，形成学员之间互帮互助的氛围。

2. 动员参与者实行自我管理

在每次活动中，项目执行机构不可能完全照顾到每个参与者，这就需要动员参与者开展自我管理。可以选举有责任心的参与者担任负责人，并将参与者分成若干个小组。每个小组通过自荐或推荐的方式选出组长、副组长，再挑选出负责各项事务的管理者。组长作为活动联络人员，记录组员的参与情况。参与者遇到一些情况可以报告。在项目活动开展的过程中，参与者实施自我管理，不但能发挥其能动性和积极性，还能增强其组织认同感，减轻项目执行机构的管理压力。

3. 实施风险应对策略

针对项目出现突发情况而应对出现不足的风险，项目执行机构要在项目执行前建立基本的突发情况应急预案，及时向有经验的专家顾问和督导请教，请他们协助做出合理决策，保证项目的顺利实施。

(1) 控制管理风险。① 避免发生沟通协调不畅导致的风险。项目实施机构与村（社区）和服务对象及其监护人的沟通协调不到位，导致配合度低，造成无法达到活动效果甚至无法开展活动。针对这一风险，项目工作人员要通过走访、现场考察等方式完善项目实施方案，使之贴近残疾人需求，提高服务对象及其监护人对该项目的认同感。同时，项目工作人员还要加大对项目的宣传力度，增强项目的影响力；对村（社区）及相关单位负责人动之以情、晓之以理，使他们充分认识到实施项目的重要意义，以及对村（社区）

发展的推动作用。② 考虑合作单位变化的预案。村委会或社区居委会每三年都面临换届选举,而且合作单位领导也可能出现变动,即使原来谈妥的项目也可能会因为领导的变动而变化,导致项目工作难以被列入村(社区)工作议程中,影响残疾人社会工作服务项目在村(社区)里的顺利运行。针对这个风险,项目工作人员要做好预案,及早联系多个村(社区)或单位,作为后备合作单位。

(2) 控制服务风险。① 避免发生人身意外伤害事故。开展村(社区)活动的首要原则是要确保人员安全,对于存在一定风险的活动,项目工作人员要向服务对象发放安全事项通知书,强化其安全意识。要确保室内活动场地设施设备安全,防止意外发生。同时,也可以招募志愿者作为义务安全员,进行定期检查维修,在必要时候也可以开展火灾或地震等特殊情况应急措施的演练。② 避免对服务对象造成二次伤害。残疾人心理比较敏感,如果在服务过程中不注意语言表达、表情态度等细节,就很可能对他们造成二次伤害。项目工作人员要了解服务对象的心理,由专业人士对志愿者加强培训和指导,在服务过程中不伤及服务对象的自尊心。

(六) 持续提高自身能力

1. 进行持续督导

年轻的社会工作者在开展项目活动的过程中,往往存在专业知识和技能不足的问题,而且由于项目工作人员还要参与较多的事务性工作,他们的精力有限,有时候无法按时完成项目活动。督导的作用在于通过专业的视角对项目工作人员进行指导,提升其专业素养,培养其专业精神。比如,督导人员可以向项目工作人员讲解残疾人的心理特点、心理辅导技巧、社会工作方法、项目策划与管理等知识,进行现场情境演练,使他们掌握服务技巧和应急处理技巧。根据项目的进度,督导人员需要去工作现场,对项目工作人员给予直接指导。

2. 重视志愿者的激励与能力提升

(1) 加强志愿者培训。定期举办志愿者培训活动,对志愿者进行志愿精神、理念和专业知识的培训，向志愿者传授在遇到突发事件时的处理方式，从而提升志愿者的综合服务能力，使志愿服务更具专业性。

(2) 重视对志愿者的持续激励。由于志愿者参与服务的动机不同，服务意愿和服务时间也不同，因而他们往往在刚开始时，服务热情较高，乐于积极参与志愿服务。但在一段时间过后，志愿者的新鲜感降低，他们的参与热情就开始下降，变得越来越不活跃。针对这些问题，项目执行机构需要对志愿者活跃度进行动态分析，加强对志愿者的关心呵护和精神激励；可以与企业进行合作，获取一些小礼品之类的物资，作为志愿者们的福利；定期评选一批在活动中表现突出的优秀志愿者，为其颁奖，感谢志愿者们的付出，从而提升志愿者队伍的积极性。

(3) 定期进行总结和反思。每次服务活动结束后，领队都会组织志愿者聚在一起进行感想分享。通过“头脑风暴”、主题沙龙等开放性的交流讨论方式，来自不同领域的志愿者们可以相互认识和熟悉，也对整个志愿活动进行总结和反思，从而促进志愿服务的不断完善和提升。

（七）完善项目自身管理

1. 建立服务满意度反馈机制

建立服务满意度反馈机制，通过服务打分、问卷调查、座谈会等多种方式，收集反馈意见和满意度评分，随时回访，征求参与服务的项目工作人员的意见和建议，确保服务能够按时、保质、保量完成。根据服务对象的反馈意见，项目执行机构对项目形式和内容进行有针对性的调整，使服务形式更加灵活多样。比如，举办残疾人健康讲座，可以根据服务对象对讲座内容的反馈意见，及时调整健康讲座的主题和形式。

2. 实施项目进度管理

(1) 把控项目时间节点和资源投入。在项目进度的把控上，项目执行机构要把握好时间节点和资源投入。项目执行机构应按照项目协议的量化指标要求，投入人力、物力和其他资源；根据总进度计划，制定出项目资源总计划和财务总计划，将这些总计划分解到每季度、每月、每周，实时控制项目实施过程。项目执行机构要按时实施项目活动，按时向政府或第三方评估机构提交中期报告和结项报告。

(2) 及时调整项目计划。在项目执行过程中，项目执行机构如果发现原实施方案存在问题需要调整，比如项目服务范围变化、服务对象变化、服务次数变化等，在向购买方及第三方评估机构提出项目变更申请并获准后，就可以相应地调整项目计划。

3. 组织项目自评会议

在进行结项评审之前，项目执行机构可以邀请内外部专家、顾问举办项目自评会议，以总结项目成功经验模式，提早发现自身问题。

(1) 前期工作总结汇报。在项目自评会议上，项目专家听取项目情况汇报，总结项目实施经验，整理好各项案例资料和绩效资料。对前期工作中存在的不足，项目执行机构要及时进行分析和改正。

(2) 下一步工作部署。部署会由项目专家、镇(街道)残联组织、项目管理人员、一线社会工作者、志愿者、村(社区)残疾人代表、村(社区)委员会残联条线工作者参加，针对项目运行过程中存在的问题，提出今后的改进意见和建议，确保项目工作的顺利进行和目标的实现。

本章小结

残疾人社会工作项目是指以残疾人及其所在环境为对象，由专业社会工作者主导，遵循社会工作专业价值，运用社会工作专业方法，为满足服务对象的需要，在一定的时间内，运用一定的资源，按照预定的服务目标、服务内容和服务要求所实施的一项系统任务。

运用逻辑框架分析法设计项目，基本思路是通过采取多元的需要调研方法，从残疾人的发展现状和面临的问题入手，界定清晰并可度量的目标、不同层次的目标和最终目标之间的联系，确定项目成功与否的测量指标以及项目的主要内容和资源投入。

残疾人社会工作项目实施与管理分为准备阶段与执行阶段，包括团队管理、进度管理、目标管理、经费管理、沟通管理、资源管理和宣传管理等。

思考题

1. 举例说明项目化运作在满足残疾人多元需求中的作用与意义。
2. 逻辑框架分析法设计项目的难点与重点是什么？
3. 检验一个残疾人项目设计成功的指标有哪些？
4. 为保障残疾人项目有效实施，项目执行机构要做好哪些准备工作？

第二部分

实务编

第三章 “点亮光明”视障残疾人社会工作项目

视障残疾人作为一个特殊群体，因其视觉感官功能的损失或丧失，对外界感知与学习的能力有限，而且视力损伤对人的影响往往又随着不同的致盲原因、致盲时间或视力受损的程度，以及家庭、社会对他们的态度不同而有所不同，使其心理发展和社会行为直接受到影响，因而具有特殊的心理特征和社会需求。他们比其他类型的残疾人更加敏感与孤独，需要更多的持续性的关注与综合性的服务。

一、项目描述

（一）基本情况

我国是世界上盲人最多的国家。根据中国残联发布的统计数据，目前全国视障人员数量约为 1 750 万人，另有双眼低视力患者 1 200 万人，大约每 80 个人中就有 1 个人存在着视觉障碍。根据 2018 年全国残疾人动态更新数据，上海全市 16 个区视力残疾人有 2.9 万名，其中嘉定区视力残疾人有

3 270 人，分布在 12 个镇(街道)。由于生理条件存在缺陷，视障残疾人的日常生活受到了诸多限制，如出行不便，无障碍设施配置不到位、不规范，受教育程度有限，社会交往圈子狭窄，就业技能不足，就业遇到重重壁垒，收入来源有限，家庭照顾压力大，生活质量受到影响。为了有效回应视障残疾人的实际需求，切实改善视障残疾人的生活现状，上海市嘉定区残疾人联合会通过公开招投标的方式，面向全区 220 名有需求的一级视障人士，启动"点亮光明"助盲社会工作服务项目，以满足视障残疾人多元化的服务需求。

(二) 需求评估

嘉定南部镇(街道)毗邻市区，北部镇(街道)的郊区化特征更为明显，南北经济形态和社会发展存在一定的不平衡性，视障残疾人的服务需求既有共性，又有个性化差异。但总体而言，220 名一级视障残疾人面临以下需求：

1. 生活照料的需求

生活自理能力可用来衡量残疾人在一些最基本的日常生活中自己照料和处理的能力。一级视障属于重度残疾，基本上丧失独立生活的能力，日常生活面临诸多困难。在 220 名视障残疾人中，60 岁及以上人员占比为 51.4%，老龄化程度严重，他们需要家人的长期照顾和生活护理，这也是视障残疾人目前最迫切的需求。

2. 社会交往的需求

社会交往需求是视障残疾人在社会生活中所希望得到的社会支持，包括地方残疾人联合会、康复机构、盲人学校、社会组织、村(社区)等在内的正式社会支持和家庭、亲友、志愿者等非正式社会支持。由于先天或后天视力障碍和传统观念的存在，视障残疾人容易被贴上标签，绝大多数视障残疾人只能被困于最基本的家庭环境中，因而很多视障残疾人游离于主流社会之外。这阻碍了视障残疾人与健全人的社会交往，严重影响了其社交能力的提升。

3. 精神文化的需求

作为社会生活的参与者，残疾人既有物质生活的需求，也有精神文化的需求。嘉定的南北经济存在差异，视障残疾人在精神文化的需求层次和表现形式上特点明显，南部的视障残疾人表现为希望多组织文娱活动，如盲人黑白棋、无障碍观影等，北部的视障残疾人希望多举办地方戏曲、传统节日活动等。

4. 心理康复的需求

残疾人作为一个特殊的群体，有着独特的心理表现和认知特点。由于盲人视觉丧失，尤其是先天性视力残疾或幼年致残的人，缺乏甚至根本没有空间概念，因而其活动的场所太少、活动的范围太窄，不得不长年待在家里。久而久之，他们的孤独感随之而来，随着年龄的增长，这种负面的情感体验日益增强。生理上或心理上的缺陷，使他们在学习、生活和就业方面遇到的困难比普通人多得多，自尊心受到伤害，容易加重自卑和抑郁心理。

二、项目策划

（一）项目目标

1. 总目标

该项目由嘉定区半月君美助残公益服务社（以下简称“服务社”）承接运作至今。服务社运用社会工作的理念和方法，回应视障残疾人的实际需求，缓解家庭长期照护的压力，帮助视障残疾人培养积极乐观的心态，搭建人际交往平台，丰富精神文化内容，促进社会网络建设，使他们获得更多的社区照顾，改善社会生活质量。

2. 具体目标

(1) 缓解家庭照护压力。服务社为有需求和符合条件的视障残疾人申请居家养护服务，每周可获得时长 1 小时的上门居家照料服务 2 次，服务内容包括保洁、洗浴、采购、外出就医等，以减轻视障残疾人家属长期照护的压力，使家属得到暂时的喘息机会。

(2) 培养乐观向上的心态。在前期走访调研的基础上，助盲志愿者筛选出有特殊心理康复需求的视障残疾人作为个案工作的服务对象，采取一对一的个别化心理辅导的方式，帮助视障残疾人缓解负面情绪，纠正认知偏差，树立对未来生活的信心。

(3) 搭建社会交往平台。通过招募一支140人的社会志愿者团队，采取一对一或一对二的方式，由助盲志愿者每周抽出2小时开展陪同外出服务，包括参加项目活动或社区活动，增进视障残疾人之间，视障残疾人与其他残疾人、健全人之间的交流和互动，拓宽其交往范围。

(4) 丰富精神文化内容。坚持因地制宜、南北兼顾、就近就便的原则，组织策划贴合视障残疾人需求的多层次、多形式的精神文化活动，如传统戏曲沙龙、南北融合文艺活动、无障碍观影、盲人黑白棋常规训练，以及外出周边一日游等活动。

(二) 服务方案

1. 助盲志愿者队伍建设

(1) 宣传招募。在项目启动之初，服务社采取通过微信公众号、宣传海报、热线电话等报名的方式，面向12个镇(街道)招募160名社区志愿者，按需为视障残疾人提供个性化服务(陪购物、看病、聊天、读报)，一周2次，每次服务时间不少于1小时，一年不少于96小时/人，减轻视障残疾人家属照顾的负担。同时，服务社还面向12个镇(街道)残疾人服务社招募12名项目联络员，协调和管理各镇(街道)志愿者工作，确保活动能顺利开展，并在项目实施过程中加强对联络员的培训和指导，传递社会工作服务的理念和方法，强化联络员的服务意识，提高其服务能力。

(2) 能力培训。根据视障残疾人的实际需求和服务特点，每年组织2次志愿者专题培训，引导志愿者明确服务动机，强化服务意识，提高服务能力，为更好地服务视障残疾人做好充分的准备。

2. 开展特色集体活动

(1) 黑白棋培训。每月组织1次视障残疾人黑白棋培训活动，丰富视障残疾人的文化生活，提高视障残疾人参与社区活动的积极性，使视障残疾人之间、视障残疾人与志愿者之间相互支持，增加信任，提高相互间交流互动的频率，增强视障残疾人社会交往的能力。

（2）黑白棋比赛。每年组织1次黑白棋比赛活动，通过以赛促学，激发视障残疾人学习的兴趣，增强其训练的信心，展示其培训成果，促进其自我肯定和价值认同。

（3）无障碍观影。为了让视障人士也能获得普通人的快乐，可以感知浓缩于光影背后的美，服务社采取南北集中或分片区的方式，每季度开展1次无障碍电影赏析活动，为视障群体铺设了精神文化“绿色通道”，更进一步满足了残疾人对高品质生活的追求。

（4）健康专题讲座。服务社每季度分别在同一个片区，邀请医护人员面向视障残疾人举办1次健康养生讲座，增强视障残疾人的健康意识和自我保健康复的能力，同时宣传残疾人社区康复理念，帮助残疾人了解社区康复相关政策，鼓励残疾人积极参与日常社区康复。

（5）主题沙龙活动。服务社选择就近的镇（街道）盲协作为单位，每两个月开展1次视障残疾人小组沙龙活动，通过开放式的主题交流和“头脑风暴”，分享彼此的生活经历和成功经验，既增进群体之间的交流，也传递正能量，调整心态，积极面对生活。

（6）南北文艺演出。服务社每年各在南、北片区组织开展1次文艺汇演，邀请社区热心文艺团队和残疾人艺术团编排形式多样的文艺节目，丰富视障残疾人的文化生活，并挖掘有兴趣、有潜能的视障残疾人共同参与活动，为他们展示自我风采提供机会和平台。

（7）户外拓展活动。为倡导助残扶残风尚，引导人们更加关注残疾人的生活，宣传爱心助残的理念，在一年一度的国际盲人节期间，服务社为有强烈外出需求的视障残疾人组织户外拓展活动，鼓励他们在志愿者的陪同下，走出家门，亲近自然，拓宽视野，增长见识。

三、项目实施

（一）广泛招募助盲志愿者

在项目启动之前，服务社分别向12个镇（街道）残疾人服务社收集服务对象建议名单,最终确定了符合项目要求的 220 名视障残疾人,作为服务对象。根据视障残疾人分布的范围和实际需求,服务社面向村(社区)发放宣传折页、发送微信推文,提高社区居民对“点亮光明”助盲社会工作服务项目的知晓度,并增加其兴趣点,宣传和倡导社区居民积极参与项目志愿服务。在各镇(街道)残联的支持和帮助下,服务社共招募了 158 名社区志愿者,由社区低龄健康老年人一对一就近就便服务全区 220 名视障残疾人。作为视障残疾人的“灯塔”,助盲志愿者要进行每周 2 次、每次 1 小时的心理陪伴,这就要求他们不仅要非常熟悉服务对象的基本情况,而且要了解和掌握动态化的需求,及时反馈给服务社,以便精准、高效地提供个性化的社会服务。同时,服务社每周提供定时的陪伴和支持服务,这样可以及时了解视障残疾人的心理状态和情绪反应,在放松的环境中给予视障残疾人一定的思想开导和精神抚慰,既可以增进相互信任,又可以缓解视障残疾人悲观、抑郁的心理,鼓励视障残疾人走出家门,融入社区,更好地适应社会环境。

(二) 有序进行志愿者队伍建设

为了有效增强助盲志愿者的服务意识和服务能力,服务社邀请了嘉定区盲人协会主席与嘉定区关爱残疾人康复培训中心负责人分别在 2019 年 3 月 5 日和 6 月 30 日开展了专题培训,就“盲人心理特点与心理支持”“残疾人志愿者服务与新时代文明实践”“助盲志愿者服务规范与服务技巧”等内容对志愿者进行岗前培训,从服务理念、服务细节上强化助盲志愿者的服务动机和责任意识,并在培训节现场对上一轮优秀志愿者和视障残疾人“四自”达人进行了表彰,增强了志愿者和视障残疾人的价值感和获得感。同时,服务社还与新一轮助盲志愿者签订了协议,明确了各自的权利和义务,更好地服务视障残疾人。

(三) 分片区开展“黑白棋”交流活动

盲人黑白棋是一种专为视障残疾人设计的游戏棋,棋子呈圆形,五分硬币大小,黑(糙)白(滑)两面,低视力的朋友可以通过简单的二色,快速地分辨敌我,全盲的人可以通过触摸棋面来辨别棋子。为了让视障残疾人就近、便捷、安全地参加项目活动，服务社将黑白棋交流活动分设在嘉定区真新街道、嘉定新城（马陆镇）和嘉定镇街道等片区进行。服务社通过对接12个镇（街道）盲人协会主席与委员，鼓励和引导盲人协会中视力尚可、具有一定棋艺的视障残疾人辅导其他视障残疾人参加黑白棋交流活动，旨在动员和组织盲人参加活动，以棋会友、对弈切磋、乐在“棋”中，为视障残疾人提供一个平等、友爱、共享、和谐的无障碍参与平台。同时，在学习下棋的过程中，志愿者帮助盲人激发自身的潜能，以践行助人自助的理念。2019年4月，服务社受上海市嘉定区残疾人联合会的委托，组织嘉定区盲人代表参加“上海市盲人黑白棋比赛”，视障残疾人和志愿者代表分别参加了盲人组与低视力组的比赛，获得了不错的成绩，展示了良好的体育精神和健康向上的精神风貌。

（四）组织观看无障碍电影

无障碍电影是专门为方便视障残疾人观看，通过重新剪辑，增补大量配音解说的方式，让盲人完整了解整部电影内容的一种电影。2019年，服务社开展了3次无障碍电影观摩活动，服务对象和志愿者达到了600人次。观看无障碍电影已经成为视障残疾人精神文化生活的重要内容，残疾人借以了解故事发展，感受电影的魅力和乐趣，共享改革开放发展新成果。

（五）举办健康专题讲座

考虑到220名服务对象老龄化比例过半，身体功能逐步弱化，或多或少存在一定问题，服务社作为资源链接者，邀请不同领域的专家和医生，2019年在几个片区分别开展了“管住嘴，迈开腿”的健康养生讲座、“我是你的眼”爱眼日专题讲座、“做情绪的主人”情绪管理讲座、辅具日常使用和保养知识讲座等，引导服务对象更新健康理念，以正确的心态看待自身面临的问题，进一步认识自我、悦纳自我。每次课堂上，服务对象都会积极与讲课老师互动交流，课堂氛围活跃。课后，服务对象还主动向老师请教讲一些健康问题，老师一一细心解答，让服务对象既感动又满意。讲座活动受到服务对象的充分肯定，反响较好，大家希望服务社以后多举办类似的活动。

（六）开展小组沙龙活动

2019年，服务社在上一轮活动的基础上新增了盲人卡拉OK、盲人社区公园一日游活动等，活动初衷是激励各个镇（街道）盲人协会举办形式多样、内容丰富的助盲活动，为服务对象创造了更多走出家门、了解社区的机会。这些活动不仅拉近了志愿者与视障残疾人的距离，也密切了项目与视障残疾人、志愿者三者之间的联系。小组沙龙活动共开展了8次，受益者多达300人。同时，服务社还针对“薄弱点”华亭镇开展了每月1次的盲人沙龙活动。在华亭镇项目联络员的组织带领下，沙龙活动举办得有声有色，服务社了解了嘉定农村地区视障残疾人的生活现状和志愿者服务情况，服务对象也对项目活动的举办提出了具有建设性的意见。从此以后，盲人参加活动不便、参加活动少等问题得到解决。在春节前，在爱心助残服务机构的牵线搭桥下，上海驰华电子有限公司与上海赢林信息技术有限公司为部分盲人朋友捐赠了爱心款物，让服务对象充分感受到了社会的关爱与温暖。

（七）举办手机读屏软件使用培训

在通信技术发达的今天，手机已经成为生活中的必需品。视障残疾人对智能手机使用的需求也日益增长。2018年项目服务需求调研发现，有相当一部分盲人反映电脑读屏软件实际使用频率不高，希望服务社开展手机软件使用方面的培训。服务社以“盲人手机读屏软件培训”为主题参加上海市嘉定区残疾人联合会“众人拾柴”微公益大赛，获得一等奖的好成绩。为了正常、顺利地开展项目，服务社主动对接北京保益科技互动有限公司，合作开展盲人手机读屏软件的培训，共同助力视障残疾人感受和运用数字技术。服务社在2019年面向有需求的视障残疾人开设“掌上盲道”手机读屏软件使用课程。软件工程师根据手机系统的不同，对服务对象进行分组，从最基础的开机和关机开始教学，当进入读屏软件操作介绍后，就开始一对一地为视障残疾人讲解软件的使用方法。他们耐心地帮助视障残疾人下载软件，一步一步地进行讲解、示范，视障残疾人边试边问，直到学会最简单的功能。一节课下来，学员们已经熟练地学会了“听”短信、“听”来电号码等常用功能的操作，笑容洋溢在每个人的脸上。他们有的拉着培训老师们的手，着急地询问下一次培训时间；有的不停地向志愿者们道谢；还有的则一遍遍地试用着各种软件，啧啧称奇。服务社通过 4 次课程教学帮助视障残疾人借助手机软件学会使用微信，扩大交友圈，并借助手机了解社会信息、融入社会，与社会实现无障碍沟通。

（八）开展跨区性文艺融合活动

目前，上海市只有嘉定区和杨浦区成立了专门的助盲社会服务机构。为了举办全区性的戏曲文艺活动，一些视障残疾人提出能否由嘉定和杨浦两家助盲社会服务机构共同举办，大家共同交流和展示。有需求就有回应，服务社积极对接杨浦区盲人协会，协调相关资源，在 2019 年 6 月 23 日正式举行了“双区融合 戏曲连台”盲人与志愿者文艺汇演活动，活动类型有歌曲献唱、舞蹈表演、器乐演奏和地方戏曲等。嘉定区共有 7 个镇（街道）的视障残疾人和志愿者登台表演，充分展示了盲人群体热爱生活、乐观自信的精神风貌，体现了社会对残疾人和残疾人事业的理解、尊重、关心、帮助和支持。整台文艺活动得到了盲人朋友的喜爱，盲人文艺爱好者的真诚、坚毅和努力深深地感染着在场的 160 名盲人和志愿者。在热烈的掌声中，这场别样的艺术演出走向了尾声。

（九）组织盲人外出体验活动

2019 年国际盲人节前夕，服务社组织全区 12 个镇（街道）的 309 名视障残疾人与志愿者前往长兴岛风景区开展一日游活动。外出体验活动的宗旨就是让视障残疾人走出家门，参与社会活动，发掘自己的兴趣爱好，树立健康积极的生活态度。同时，服务社也希望通过此次活动让社会大众了解视障残疾人，关心、关爱视障残疾人，让他们更多地感受到社会大家庭的温暖。整个外出体验活动持续了约 5 小时，虽然视障残疾人行动不方便，有的属于弱视，有的全盲看不见路，整个行程须由志愿者陪伴着，但他们的游玩热情不减，一路上兴高采烈，谈笑风生。这次活动让视障残疾人在体验中实现了交流互动，在游玩中得以放松身心。

四、项目评析

（一）需求评估分析与方案策划分析

1. 需求评估分析

需求评估是残疾人社会工作项目设计的逻辑起点，是被评估者和其他社会研究者用来系统描述、诊断社会需求的程序，基本任务是尽可能谨慎、客观地描述项目各方所关心的“问题”。需求评估需要发挥分析和诊断的功能，以建构有针对性、操作性的干预计划。笔者作为该项目的评估方，有幸在评估现场发现了服务社在上一轮结项前开展的需求调研材料。从该项目需求评估的方式来看，服务社事前收集和掌握了目前 12 个镇（街道）视障残疾人的基本情况和服务现状，形成了一份需求调研报告。但调研方法以定量问卷调查方法为主，调研人数为 50 人，人员构成上偏重于真新街道的视障残疾人，代表性不足。从问卷设计的主题来看，侧重于视障残疾人项目服务满意度调查，需求收集的深度和广度比较有限。从调研报告来看，数据分析的能力和建议归纳的水平还有待提高。从目前需求评估的结构和内容来看，需求描述较为详细，还需要一些更有说服力的代表性数据，以更清楚地分析嘉定区视障残疾人的生活状况和需求结构。

2. 方案策划分析

好的项目策划是项目成功实施的前提。该项目为多年延续性购买项目，招标要求基本上保持不变，服务社也较为稳定，但方案策划仍然要遵循以需求为导向，以专业为指南：从方案内容设计的逻辑来看，体现了“需求—目标—方案”的逻辑对应关系，即需求评估阶段提出的需求在方案中都有所呈现；从项目具体内容来看，周期内需完成的具体任务、参与人数、开展次数体现了一定的 SMART 原则，即具体的（Specific）、可度量的（Measurable）、可达成的（Attainable）、符合现实的（Relevant）、有时限的（Time-bound），具有明确的预期成效指标和内容指向；从项目实施方案结构来看，指向性明确，操作性较强，具有一定的方法和程序，可在后期体现针对视障残疾人社会工作服务的理念指导和理论运用。

（二）实施过程分析与服务效果分析

1. 实施过程分析

（1）从实施团队来看，服务社安排了1名持证社会工作者专门负责整个项目的运营和管理，还招募了158名志愿者和12名残疾人，作为项目联络员。他们成为项目实施的重要人力资源保障。服务社组织专职社会工作者参加机构内外的各类培训，项目周期内组织开展了4次志愿者能力建设专题培训，以期提高项目团队的服务水平和服务质量。

（2）从项目管理来看，服务社内部管理架构清晰，有关管理制度相对完善。在项目实施和监督环节，服务社制定了活动流程和监督反馈机制，还与志愿者签了服务协议，制定了风险防范预案和视障残疾人隐私保护机制。在服务方式上，基本上还是以助盲志愿者一对一上门关爱和群体性精神康复活动为主，个案工作和小组工作专业方法有限。服务社在对外曝光率上略显不足，在社会倡导和资源动员能力上还有提升空间。

2. 服务效果分析

（1）从目标实现程度来看，整个项目在服务区域、服务人数、服务次数、服务内容上均已达标，过程目标、量化目标基本实现，项目周期内每名服务对象获得96小时的个性化服务，在一定程度上满足了视障残疾人居家养护的需求，缓解了家属长期照护的压力，为家属提供了一定的喘息机会。同时，志愿者的定期陪伴和大力支持，在一定程度上缓解了视障残疾人的消极情绪，对于培养其乐观生活态度和重塑其生活信心具有积极的作用。项目周期内开展的群体性康复活动，也能增进视障残疾人之间、视障残疾人与健全人之间的交往和交流，促进他们适应和融入社会，但在结果目标上还需进一步挖掘和提炼，尤其是视障残疾人典型案例及成效分析、归纳较少。

（2）从综合效能来看，服务社在嘉定区乃至上海市较早实施了视障残疾人社会工作服务项目，积累了丰富的项目运作经验，并发挥自身的组织优势，主动对接了杨浦区的助盲组织，推动了地区间的联动与合作，为视障残疾人的需求满足和功能恢复创造了更多的可能。尤其是盲人黑白棋活动，成为嘉定区视障残疾人文体康复方面的特色活动。盲人黑白棋队代表嘉定参加市级比赛，既展示了视障残疾人不俗的棋艺，也凸显了他们这个群体阳光健康的形象，提高了外界对视障残疾人的认知和理解水平，以棋会友，点“亮”了心路。

（三）项目发展建议

1. 菜单式设计，精准化服务

从该项目的实施内容来看，主要是居家照料服务和精神文化活动，层次相对稳定；从该项目的实施方法来看，还是群体性活动较多，难以满足一些个性化、差异性的需求；从该项目的实施区域来看，南、北片区活跃度不均衡。因此，建议服务社将南、北片区划分成若干个网格，助盲志愿者嵌入相应网格中，形成服务梯队。助残志愿者收集视障残疾人的一些个性化的需求，由服务社加以分类汇总，进行动态化评估，看哪些需求具有共性特点、哪些需求具有多元特点。服务社在视障残疾人个性化需求和项目内外资源之间架起桥梁，设计整个服务环节，盘活资源存量，激活资源增量，进一步弄清不同需求与哪些资源和网络（既有内部提供的，也有外部对接的）相对应，分类分层、有计划有重点地帮助视障残疾人获得个性化服务。这正是凸显该项目专业性的地方，既有赋能助人的理念，又有个案管理的方法。

2. 针对性培训，长效化保障

志愿者是该项目人力资源中的重要组成部分。随着助盲志愿者的更新迭代，既有经验丰富的志愿者，也有一些新鲜血液。视障残疾人这个特殊的群体，要根据服务社的安排参加不同的项目活动，志愿者的服务理念和服务技能也会直接影响项目成效，因此对志愿者的培训就显得尤为重要。从2019年志愿者培训的主题和内容来看，服务社还应增强培训工作的针对性和适用性。建议服务社在后期通过需求调查、开放空间、世界咖啡屋、“头脑风暴”、主题座谈等方式来把握需求，明确方向，以培训需求为导向，以能力提升为目标，有目标、有内涵地赋能提效，彰显志愿服务精神，从而使该项目成为新时代的一种生动实践。

3. 创新性发展，品牌化规划

公益项目本身有其自身的发展规律和生命周期，不同阶段有不同的使命和功能。从实施轨迹来看，该项目在整个嘉定残联购买助残服务目录中也属于“老”项目了，历年第三方评估结果也较为理想，在助盲服务领域中做出了有益的探索实践。做好公益，不仅要有情怀、资金，还要有方法。方法的创新，不是排除传统服务模式，而是与时俱进，为解决视障残疾人面临的社会问题寻找更多的途径和方法。随着视障残疾人老龄化程度日益加深，如何创新性地开展居家助残、养老服务是亟须解决的问题，是在已有的长期护理保险项目中研发新的服务模块，还是在为引入其他慈善投入和社会资本开辟新的路径等，都是值得深入思考的方向。创新是公益项目规划的要诀，创新也是公益的不竭动力。建议服务社基于视障残疾人需求和有关政策要素，运用 SWOT 方法分析项目优势、弱势、机会与挑战，把优势变为技术，把机会变成资源，与社会创新、有效解决社会问题结合起来，制定项目发展规划，进一步明确行动目标和计划任务。

本章小结

本章围绕视障残疾人在生活照料、社会交往、精神文化生活等方面的实际需求，运用社会工作理念、方法策划和管理助残服务项目。服务社通过培养骨干助盲志愿者，为视障残疾人提供上门居家照护服务，并根据视障残疾人的兴趣爱好，组织策划一系列的文体康乐和社会融入活动，改善视障残疾人的生活状况，促进视障残疾人的人际互动，增强视障残疾人的社会适应能力。同时，服务社还要适应新时期科技高速发展的要求，举办残疾人手机软件运用技能培训班，促进视障残疾人与科技的友好关系的形成。建议服务社今后做好对助盲志愿者的培训与管理，增强他们的服务意识和服务能力，并在充分掌握视障残疾人需求的基础上，采用菜单式服务内容，分类分层地提供精准化服务，凝练服务品牌，扩大社会影响力。

思考题

1. 相较于其他残疾人，服务社在对视障残疾人进行需求评估的过程中要把握哪些重点？
2. 除了该项目中提及的活动内容外，你认为还可以为视障残疾人开发哪些社会服务项目？
3. 请你结合所在村(社区)实际，思考如何推动视障残疾人无障碍环境建设。

第四章 “失聪者之友”听障残疾人社会工作项目

听障残疾人[①]群体是社会生活中的弱势群体，他们在工作、学习、生活中常常面临各种困难。他们受到了社会各界的关注，虽然社会保障等突出问题得到了很大程度的解决，但仍然不能很好地参与社区活动和社会生活，在亲子沟通方面也存在诸多问题。社会工作项目作为专业的助人项目，如何为听障人士及其子女服务是值得探讨的议题。本章运用社会工作相关理论，就如何提升听障人士及其子女的生活质量，如何促进其社会融合和亲子沟通进行项目分析。

一、项目描述

（一）基本情况

《残疾人残疾分类和分级》(GB/T 26341—2010)根据平均听力损失及听

① 本章中多使用“听障人士”的说法。

觉系统的结构、功能，活动和参与，环境和支持等因素(不戴助听放大装置)，将听力残疾分为四个等级。《2017 年中国残疾人事业发展统计公报》显示，中国共有约 2 100 万听障人士，聋哑人群体在残疾人中占比很大，聋哑人康复和服务工作就显得尤为重要。聋哑人生理条件上有缺陷，仍然是社会中的典型弱势群体，他们的受教育程度不高、生活水平低、社交圈小、就业机会少。听力障碍带给个人的痛苦和对家庭的打击极大。听障人士的生理状况不如健康人，心理防线也更容易被击溃。对于该群体的社会歧视和社会排斥现象较为严重，社会包容性不足。为了有效回应听障人士的实际需求，切实改善听障人士的生活状况，上海市嘉定区残疾人联合会自 2010 年开始，每年通过公开招投标的方式，面向全区有需求的听障人士，启动“失聪者之友”助残社会工作服务项目。该项目由嘉定区关爱残疾人康复培训中心(以下简称“康复培训中心”)承接，旨在通过专业化的社会工作团队介入，服务嘉定区 200 名有需要的听障人士和 20 名失聪者子女。

(二) 需求评估

嘉定区地域广阔，200 名听障人士和 20 名失聪者子女分布在全区 12 个镇(街道)，他们的生活经历和所处的社会环境不同，具有多元化、个性化服务需求。康复培训中心通过调研发现，这些听障人士和失聪者子女的具体需求如下。

1. 社会融入的需求

听障人士往往处于弱关系状态之中。自身条件的制约使他们出现自我排斥或面临被排斥，这限制了他们与社会的接触。但他们与健全人一样，具有社会参与、社会融入的需求。拉近听障人士与健全人的距离，增进彼此之间的了解，让健全人更多地了解到听障人士的需求，也是该项目立意所在。

2. 文体活动的需求

听障人士能够参与的由残联组织、社区和就业单位举办的文艺活动很少，针对聋哑人创作的文艺作品也比较欠缺，他们多是通过互联网体验休闲娱乐活动，形式单一，内容参差不齐。因此，他们具有参与文体活动、丰富精神文化生活的需求。

3. 社会支持网络的需求

社会支持理论认为，一个人的社会支持网络越强大，越能更好地应对来自环境的各种挑战。对于听障人士而言，他们与他人的沟通交流受限，可以获得的社会支持多是来自其他听障同伴。但作为社会人，他们和健全人一样需要得到更多的社会支持，因此康复培训中心亟须协助其构建社会支持网络。

4. 克服亲子沟通障碍的需求

一方面，调查发现，多数听障人士的子女使用手语进行沟通的能力相对较弱，他们与听障父母的沟通交流受限。另一方面，听障人士大多忙于工作，忙于家庭生计，希望为子女们提供更好的生活条件，很少和子女交流，倾听子女内心的感受。亲子沟通不畅通，使得很多听障人士缺少机会了解子女真正需要什么。因此，康复培训中心需要关注和解决听障人士亲子沟通不畅的问题，更好地促进听障人士亲子关系和谐。

二、项目策划

在美国心理学家马斯洛提出的需要层次理论中，人的需要由低到高可以依次划分为生理的需要、安全的需要、社交的需要、尊重的需要、自我实现的需要。康复培训中心依据马斯洛需要层次理论，结合嘉定听障人士的自身特征，对于各层次需要的迫切程度各有不同，针对不同的需要相应开展了不同的服务。

（一）目标

1. 总目标

立足听障人士及其子女的实际需求，康复培训中心通过主题讲座、各类才艺展示、助医手语翻译、手工艺培训、成长夏令营、失聪者子女个案、心灵之友沙龙、亲子活动等服务活动的开展，搭建沟通交流学习和活动的平台，丰富听障人士的精神文化生活，帮助他们增强自我认同感，促进其生活自理能力和社会融入能力的提升。

2. 具体目标

(1) 社会融入：通过系列主题活动的开展，帮助听障人士搭建展示自我和进行社会参与的平台，促进他们融入社会。

(2) 丰富生活：通过组织动员听障人士参与区残联、街镇残联及其他文体娱乐活动，丰富听障人士的精神文化生活。

(3) 社会支持：通过助医、生活援助、各类主题讲座等活动，协助搭建社会支持网络，促进听障人士与社会的联结，帮助他们提升自我形象。

(4) 技能提升：通过各类培训服务活动的开展，提升听障人士生活、亲子沟通等方面的技能，促进其生活质量的提高。

(5) 亲子沟通：通过亲子小组、夏令营、个案等服务活动的开展，促进听障人士亲子沟通，协助他们建立和谐的关系。

(二) 服务方案

"失聪者之友"助残社会工作服务项目通过专业化的社会工作团队服务嘉定区 200 名有需要的听障人士和 20 名失聪者子女。康复培训中心通过开展法律、健康、礼仪讲座，无障碍沟通服务，丰富听障人士的精神文化活动，提升其自我认同感；通过开展亲子教育和家庭教育等服务活动，为听障人士提供展示交流的平台，积极营造尊重、接纳的氛围，促进社会和谐。

1. 开展需求调研

组建项目团队，康复培训中心从多个角度开展需求调查，对项目购买方、服务对象、相关方等开展需求调研，并形成调研报告，基于调研情况，优化项目实施方案。

2. 开展各类主题讲座

康复培训中心举办健康、礼仪、法律等讲座，全年共 6 次，强化听障人士的健康管理意识、法律维权和社会交往礼仪意识，为听障人士的健康保驾护航。

3. 开展导医服务

康复培训中心持续优化助医软件，并扩大宣传，让更多有需要的听障人士知晓、会使用导医预约软件，并做好预约对接等一系列配套服务。预设项目周期内共开展 8 次服务活动，以期缓解听障人士在就医方面的压力，不断适应生活，同时营造残疾人和健全人融合、充满关爱的生活环境。

4. 开展手工艺品制作培训

康复培训中心根据听障人士的兴趣爱好和技能培训需求，开展技能培训活动，预计项目周期内开展 3 次“无声印象”手工艺品制作培训，发挥同伴教育的作用，培养技艺达人，同时促进听障人士生活技能和生活质量的提高，促进个体和群体的发展。

5. 开展亲子服务

康复培训中心根据听障人士及其子女沟通方面存在的问题，提供多种类型的亲子服务，如成长夏令营、情感对对碰、圣诞联谊会等，改善亲子关系。全年开展 4 次失聪者亲子活动。

6. 开展“情暖冬季”听障人士联谊会活动

康复培训中心为听障人士提供沟通交流平台，使彼此之间关系更加融洽。计划全年开展 1 次联谊活动，每次参与者不少于 15 个家庭。

7. 开展“沐浴春天”服务

针对听障人士外出机会较少的问题，康复培训中心组织开展 1 次春日欢乐一日游，帮助他们走出家门，感受春光美好，感受自身的价值和生命的意义。

8. 开展失聪者哑剧比赛服务

康复培训中心组织开展 1 次“‘我是哑剧王’听障人士哑剧比赛”，为听障人士搭建技能和才艺风采展示的平台。

9. 开展个案介入

康复培训中心对有特殊需求的服务对象开展个案工作，提供个别化辅导和人文关怀，体现典型案例效应，项目周期内不少于 6 次。

三、项目实施

（一）组织开展多元化的需求调研

康复培训中心根据购买方要求和投标说明开展需求调研，对 200 名听障人士和20名失聪者子女及其区、镇(街道)残联和有关人员进行了问卷调查和个别访谈。结果显示,服务对象的需求较多体现在对社会参与的渴求上,期待参与更多项目活动。康复培训中心根据调查情况对实施方案进行优化和完善,使其更接地气、更具人气。

(二) 建立志愿者团队

康复培训中心充分发挥已有志愿者队伍的作用,组织他们参与各类项目活动,并注重从镇(街道)热心人士和听障人士亲友中招募更多的志愿者,多元化的志愿者队伍能为项目顺利实施提供保障。

(三) 妇女保健知识讲座

随着现代生活节奏的加快,人们的免疫力逐渐下降,女性更容易出现妇科疾病。为了让听障人士遇病早发现、早诊断、早治疗,逐渐树立自主健康管理意识,康复培训中心在嘉定区南翔镇阳光家园举办了妇女保健讲座及咨询活动,邀请了嘉定区妇幼保健院的专家到现场进行讲解。在活动中,专家主要对乳腺疾病、妇科炎症、妇科良性肿瘤、妇科恶性肿瘤四大常见疾病的预防、治疗以及个人的日常保健等进行了讲解;同时还设置了咨询环节,鼓励听障人士提出问题,让专家有针对性地做出解答,切实满足听障人士的健康需求。

(四) 法律知识讲座

为了全面提高听障人士的法律素质,康复培训中心组织听障人士加强法律学习与宣传,加强对以人为本的法律体系的思考,增强法治观念,使法律思想深入人心。听障人士学习法律知识,既是时代的要求,也是自身健康成长、成才和全面发展所必需的。根据“失聪者之友”助残社会工作服务项目的实际情况,结合区残联工作实际,为了强化听障人士依法维权的意识,提高他们知法、懂法、用法的能力,康复培训中心在江桥镇阳光家园1楼多功能厅开展了法律知识教育讲座活动,获得服务对象的一致好评。

(五) 社交礼仪讲座

社交礼仪是指人们在人际交往过程中所具备的基本素质、交际能力等。

社交在当今人际交往中发挥的作用越来越重要。通过社交,人们可以沟通心灵,建立深厚友谊,获得支持与帮助;通过社交活动,人们可以互通信息、共享资源。项目周期内,康复培训中心在徐行阳光家园通过聋听文化差异讲解及礼仪知识分享,帮助听障人士了解了有声世界的基本社交礼仪,并努力克服人际沟通方面的困难。

(六) 导医服务

失聪者就医时间久、问诊时间长是一个长期存在的问题。为切实解决听障人士看病难、医患沟通不畅的问题,康复培训中心积极整合社会资源,得到了嘉定区迎园医院等的大力支持。经过多次沟通协商,该医院每月定时设立助聋门诊,配备 1 名全科医生为有需求的听障人士提供基本医疗服务,并提供手语翻译和志愿者导诊导医服务,为方便听障人士就医做出了巨大贡献。康复培训中心开发了无障碍导医 APP,听障人士看病前在该软件上预约即可及时得到助医服务,极大地方便了服务对象就医。

(七)“无声印象”手工艺品制作培训

兴趣是一个人走向成功的钥匙。激发听障人士的兴趣爱好,可以帮助听障人士调动潜能,提高学习积极性。培养听障人士对手工的兴趣爱好,既能增长其知识、提高其技能,又能丰富其文化生活,为今后培养手工人才起到积极的推动作用。康复培训中心基于听障人士技能兴趣培训需求,每两个月聘请 1 次手工艺导师,分别开展了创意气球、3D 绘画和扎染活动,挖掘了听障人士的手工艺特长,有助于那些掌握了一技之长的听障人士成为手工艺制作达人。在传承民间手工艺的同时,听障人士还用自己的双手改善了生活。在扶持听障人士就业自养的同时,康复培训中心也帮助他们融入社会、完成康复训练,更有尊严地立足于社会。

(八)“幸福家庭”成长夏令营

为了丰富失聪者子女课余生活及暑期生活,提高他们的科学素养,培养他们的探索精神和实践能力,促进他们与家庭成员之间的和谐关系,帮助他们在外出的同时接受教育和实践精神的熏陶,康复培训中心开展了“幸福家庭”成长夏令营——上海玻璃博物馆趣味亲子游活动，使失聪者子女学会分享与支持、相互鼓励，并能提高对自我的认识，初步明确自己的目标，家长也要正确认识子女，形成相互了解、相互关爱的家庭氛围。

（九）“守候青春”情感对对碰

失聪者亲子关系至关重要，由听力障碍导致的沟通不畅是影响听障人士亲子关系的重要因素。特别是听障人士在与自己的孩子沟通交流时一定要有足够的爱心和耐心，康复培训中心在阳光天地开展了“爱与陪伴——亲子对对碰”活动，活动邀请了专业心理教师为大家进行疏导与分享，家长和孩子们的情绪得到了疏解，家庭成员也意识到相互理解的重要性。

（十）亲子小组活动

康复培训中心从听障人士健全子女的需求角度出发，以优势视角理论为指导，将家庭治疗作为服务单元，建立“悦纳自我，良好沟通”听障家庭亲子交流小组。亲子小组活动的目的在于，希望能为听障家庭播种希望，充分挖掘听障人士及其子女的优势和潜能，让他们掌握沟通技巧，帮助孩子增强解决自身问题的能力，提升家庭自我接纳度。康复培训中心共开展了6次小组活动，通过能力建设帮助服务对象获得沟通知识和技巧，运用小组功能构建互助与支持网络，体现助人自助的社会工作专业理念；举办成功家庭经验交流会，采用“同伴教育”方式，为其他成员注入信心与希望。在小组活动开展过程中，康复培训中心运用“亲子舞蹈体验”“微景观制作”等多种辅助方式，创新这一领域的介入方式，并通过才艺课堂活动，如“守候青春”亲子平行小组活动、幸福家庭成长夏令营、“我的七彩童年”才艺小课堂，冬日快乐一日游等，促进了听障人士的家庭建设。

（十一）组织开展“我是小品王”哑剧比赛

康复培训中心在国际聋人节期间，开展了“我是小品王”哑剧比赛，邀请社区热心文艺团队和残疾人艺术团编排形式多样的文艺节目，丰富听障人士的文化生活，并邀请有兴趣、有潜能的听障人士共同参与活动，增加其展示自我风采的机会。

（十二）开展个案工作

案例：从《千手观音》的舞者到关爱中心的社会工作者

小陆是一个80后人士，1岁时的一场医疗事故，让他从此坠入了无声的世界。2005年春节联欢晚会上，小陆在《千手观音》节目中一展身手，但2011年从北京艺术团退役之后，小陆的生活中只有舞蹈，这可急坏了父母。在一次走访调研中，社会工作者发现了小陆，并鼓励他发挥专业特长。小陆利用业余时间组建了一支失聪者舞蹈队，并在夏月珍老师的带领下，结合嘉定地方特色，牵头创作了舞蹈《黄草情》。值得一提的是，该舞蹈在上海市残疾人第八届文艺汇演中获得了舞蹈组一等奖的佳绩。不仅如此，作为一家致力于为残疾人服务的机构，关爱中心也需要更多的像小陆这样的员工，为残疾人做榜样。小陆现在是“失聪者之友”助残社会工作服务项目的工作人员，承担起了“我和手语有个约会”助教和“我爱摄影”技术指导的工作，在平凡的岗位上为其他听障人士提供着力所能及的服务。

四、项目评析

（一）需求评估分析与方案策划分析

1. 需求评估分析

该项目运用参与式观察、家庭随访、入户调查等方式收集有关资料，通过与服务对象交流和亲身参与项目活动，了解项目的日常工作、运作模式以及服务对象及其家庭对此服务项目的评价。针对听障人士不同层次的需求，康复培训中心开发了相应子项目，从服务对象、参与者、合作者等角度深入开展需求评估，并结合以往服务经验对项目深入研判，深挖项目需求内涵，为有针对性地开展创新性服务打好基础。“最美丽少年”支持服务项目，便是在需求评估的基础上，针对初期社会化（5～10岁）和预期社会化（11～15岁）这两个阶段的失聪者子女所面对的不同成长问题与需求专门设计的项目。该项目通过探索适合失聪者子女的社会化进程、促进残疾人与健全人融合的发展方向，提升听障家庭的生活质量，自项目开展至今也获得了良好的口碑。

作为几次参与评估该项目的工作人员，笔者认为，康复培训中心还要深挖听障人士的需求。笔者在现场评估时了解到，鉴于听障人士沟通交流方面存在障碍，康复培训中心在开展需求调研时，重点是从相关方以及项目运作多年经验角度研判分析听障人士的需求状况，而对于听障人士自身的需求挖掘不足。康复培训中心还需选择精通手语的志愿者和工作人员对服务对象开展深入调查，通过典型个案访谈、焦点小组等方式，多角度、全方位地了解其需求，并根据调研情况制定更加有针对性的服务，从而创新项目设计。

2. 方案策划分析

方案策划是公益项目实施的前提，关系到项目开展的顺畅性和有效性。从项目方案策划分析角度来看，康复培训中心作为嘉定区知名社会组织，具有丰富的项目策划与实施经验，能够按照购买方要求设计服务，做到事前调研需求、策划方案，事中控制进程、收集资料，事后进行小结和资料归档等，同时在服务方案策划的目标制定、服务安排等方面体现量化、细化、可操作体现等特点。但综合分析其方案策划发现，方案设计的逻辑性、整体性不足，更多的是服务、活动的累加，活动、服务之间的内在联系不突出，依据目标设计服务的逻辑不明显，目标的统领性作用稍显不足。康复培训中心还需基于立项要求、目标与活动之间的内在关联综合考量，设计出更具针对性、有效性的实施方案，以便后期项目自评，总结项目成效。

（二）实施过程分析与服务效果分析

1. 实施过程分析

(1) 从实施团队来看，康复培训中心架构清晰，责任明确，招募了 8 名骨干志愿者，组建了一支专业服务团队，其中 2 人具有社会工作专业证书、2 人具有手语资质证书。在实际服务开展过程中，康复培训中心不断吸纳医生、康复师、护理员、心理咨询师、艺术老师等不同领域的人才，汇聚各学科优势资源，结合听障人士需要，提供专业服务。值得一提的是，康复培训中心为了让利益相关方持续关注失聪者群体，整合资源，提升服务的专业度和社会影响力，及时发布简讯、制作简报，在项目运作中与12个镇（街道）残联签订合作协议。笔者作为评估员，从评估现场了解到，康复培训中心虽然组建了符合项目人数要求的团队，但在人力资源的管理和能力建设方面还存在不足，主要表现在三个方面：其一，从服务对象中挖掘志愿者体现不足。项目志愿者多为服务多年的骨干志愿者，缺少一定的服务对象志愿者。康复培训中心应本着助人自助的理念，注重服务对象能力建设，并从中挖掘核心志愿者，从而达到助人自助的目的，真正实现社会工作专业价值。其二，多元力量志愿者队伍作用发挥不足。从评估现场来看，尽管康复培训中心组建了由多种专业力量组成的团队，但其他项目人员在项目开展过程中发挥的作用有限。其三，康复培训中心内部工作人员之间支持不足，主要体现在工作机制和团队沟通等方面。项目负责人表示，一个人负责一个大项目压力不小，大家手头都有自己负责的项目，除了开展活动的时候能够给予人力支持外，其他支持较少，基本上是一个人从头至尾负责策划和实施。

（2）从项目管理来看，作为嘉定区一家5A级助残社会服务机构，康复培训中心制定了一套完善的管理制度，包括人事管理、财务管理、档案管理、薪酬管理和志愿者管理等方面，为项目顺利实施提供了制度保障。康复培训中心还针对项目的实施情况，开展了具体的助残志愿者培训工作，以增强志愿者的服务能力，确保志愿者服务的成效。综合而言，康复培训中心作为嘉定区知名社会组织，在制度建设、综合管理流程等方面已趋于成熟，但在实施细节方面还需加强。

2. 服务效果分析

（1）从目标实现程度来看，康复培训中心经过多年的不断探索和实践，以扩大服务对象参与面为重点，将活动下沉到各个镇（街道）举办，这样就提升了服务对象参与活动的便利性，提高了服务对象的参与率。该项目还注重通过不同形式的媒介进行宣传报道，特别是导医服务和失聪者子女类服务得到嘉定电视台、中国失聪者网等多家媒体的宣传和支持，扩大了社会影响力，提高了社会对该服务群体的关注度，具有良好的社会效益。“最美丽少年”支持服务项目喜获全国青年志愿服务示范项目创建提名奖，就是最好的例证。综合而言，康复培训中心在丰富听障人士及其子女生活、提升其生活质量、链接资源、促进其与社会融合等方面发挥了积极的作用，但在服务对象自我能力提升、自助与互助能力提升等方面还存在一些不足，尤其是在社会工作专业加持下的“人的成长”和“促境美好”目标还需加强。康复培训中心还需深刻理解专业作用与价值，通过持续性督导和学习，助推社会工作发挥作用，进一步推动目标实现。

(2) 从综合效能来看，康复培训中心通过组织听障人士及部分家庭走出家门，参加社区活动，扩大了其视野，促进了听障人士与健全人的融合。康复培训中心通过机构公众号、嘉定区社会组织门户网站、嘉定电视台等媒介宣传扩大项目影响力，吸引更多的社会人士关注和支持助残公益事业。项目的开展对于服务对象及其家属、所服务的社区、社会组织、政府部门以及社会公众等均有较强的动员作用，但对企业单位动员及影响不足。同时，康复培训中心在之前项目运作基础上不断优化和升级服务，整合组织内外资源拓展服务，在嘉定区产生了一定影响。总体而言，项目的开展具有较好的社会效应。

（三）项目发展建议

康复培训中心在整个项目运作期间，能够有条不紊地按照实施方案完成各项指标任务，达到了预期目标，取得了阶段性成效，产生了一定的社会影响，但是在项目设计的系统性方面还需进一步提升。

1. 动态评估听障人士需求

服务对象需求评估需要通过周密、严谨的社会调查，以需求为本的残疾人社会工作实践需要有更加系统全面的调研方案。听障人士的需求不是一成不变的，听障人士每个生命阶段中的需求都有不同的侧重点，并且如果一个阶段的需求无法得到满足，就直接会影响下一个阶段能力的发挥，也会影响下一个阶段的需求满足水平。阶段性地对服务对象需求进行重新评估和升级，有助于契合残疾人需求的变化。康复培训中心还需从听障人士及其子女的实际情况出发，多角度、多渠道动态评估其需求，并为重点服务人群建立动态跟进服务档案，在完成标书规定任务的同时，探索新的服务路径，体现公益服务的增值服务，从而为服务对象带去更多的福祉。

2. 强化团队能力建设

项目团队的构成关系到项目运作的顺畅性，关系到项目成效。面向全区的残疾人服务又存在服务对象需求多元化等特点，这就对人力资源管理提出了挑战。因此，运作该项目还需建立强有力的项目团队，并从机构专兼职人员管理、服务对象能力建设与资源挖掘等方面加强队伍建设，真正发挥整个团队的作用。

3. 提升服务设计的系统性

项目方案的总体设计不是一个个活动的简单堆积，而是要在总目标的统领下有逻辑、有系统、循序渐进地进行。目标设计不仅包括量化的人次，还包括服务对象质性(生理、心理、社会层面)的改变。项目设计要考虑如何通过不同的活动来提升服务对象的能力、解决不同问题、促进其融入社会等。因此，康复培训中心要重视项目设计的整体性与系统性，持续丰富项目的专业化内涵。

4. 精准对接其服务需求

笔者发现，部分子项目服务实施的针对性还需加强。这一方面反映出前期需求调研还不够充分、不够全面，另一方面也说明服务与需求对接存在一定差异。因此，对于服务对象固定的公益项目，康复培训中心可在前期调研的基础上，针对服务对象的具体需求和实际情况，实施分类、分层服务，做到对象精准、目标精准、措施精准，后续跟踪到位，确保服务提供与服务需求精准对接，从而凸显项目的成效。

5. 充分发挥服务群作用

作为评估员，笔者了解到，康复培训中心已建立了微信群，有 200 名失聪者和 20 名失聪者子女加入了该群。康复培训中心通过该群发布活动预告。

社群运营和线上服务是现代社会利用新媒体技术开展服务的有效形式，是线下服务的有益补充。在后续进程中，康复培训中心可充分发挥微信群的作用，培养社群中的活跃成员，发布项目成果及信息，链接聋哑人服务政策和信息资源等，架起成员之间感情联系的桥梁，形成共同的社群意识和集体规范，线上线下服务双管齐下，形成叠加效应，达到有效宣传项目的目的。

6. 打造特色项目品牌

康复培训中心组织开展的“无声印象”制作手工艺品服务，从最初搭建相互了解的平台，到服务对象勇敢地向社会展示自己的作品，“凝聚每一份爱，点亮每一颗心”慈善义卖活动为整个培训画上了完美的句号。康复培训中心可借助上海购物节，链接商场资源，以义卖的形式向社会展示听障人士亲手制作的各类手工艺品，让学员讨论义卖所得善款如何使用，让大家充分感受到社会的关爱与温暖，感受到自身对社会的价值。此外，嘉定有尊重、继承和发扬优秀文化的历史传统，并具有多项非物质文化遗产（以下简称“非遗”）作品，康复培训中心可以邀请资深老师，开发富有嘉定特色的手工艺品，或传承民间手工艺，这样让大家感受到，可以用自己的双手改善生活，积极地参与社会服务。

本章小结

该项目以听障人士和部分失聪者子女为服务对象。基于需求调研实际，康复培训中心为这些服务对象提供社会融入、社会支持、亲子沟通、技能提升等服务，旨在丰富其精神文化生活、促进亲子沟通、提升其生活质量、促进其社会融入。在项目实施过程中，康复培训中心注重社会工作视角下多种服务方法的介入和社会资源的链接，取得了良好的社会效益。在今后的项目实施和管理中，康复培训中心还需强化需求调研，深挖服务对象的需求，提供更有针对性的服务。同时，康复培训中心也要加强团队专业能力建设，注重听障人士及其子女自助和互助能力双提升，达到“人的发展”和“促境美好”的目标，从而凸显社会工作的专业价值和意义。

思考题

1. 与听障人士及其子女进行个别面谈，社会工作者应运用哪些面谈技巧，又有哪些注意事项？
2. 针对该项目中失聪者子女的需求，如何运用社会资源及力量促进其健康成长？
3. 请结合所在镇（街道）听障人士的状况，展开一次问卷调查，了解其生活现状和服务需求。

第五章 “心园——爱的港湾”精神障碍残疾人社会工作项目

精神障碍患者通常具有认知、思维、情感、行为等方面的精神异常，其职业功能和社会功能受到明显损害。受疾病本身发展特点的影响，部分精神障碍患者会进入慢性衰退期，在认知功能、社会功能、生活自理能力等方面出现明显下降甚至缺失，需要接受长期治疗、照护和康复服务。社会工作专业服务在精神障碍疾病的预防、治疗和康复等方面都发挥着重要的支持和促进作用。

一、项目描述

（一）基本情况

2008年，《中共中央 国务院关于促进残疾人事业发展的意见》和《全国精神卫生工作体系发展指导纲要（2008年—2015年）》出台。国家提出了要充分利用社区内资源，做好精神障碍社区管理与服务工作，各类精神障碍社区康复机构为精神障碍患者提供生活照料、功能训练、技能培训等康复服务的要求。国家卫健委的数据显示，截至2014年年底，全国登记在册的严重精神障碍患者有429.7万例，患者管理率达到73.2%，其中96.9%的患者病情稳定或基本稳定。严重精神障碍患者是极为困难的社会弱势群体，其贫困率高，文化程度普遍较低，治疗依从性低，缺乏足够的家庭和社会支持。精神障碍的发生、发展、预后与预防、治疗、护理、康复等社会干预因素密不可分。上海市嘉定区建有1个阳光天地、12个阳光心园，为在册在管的精神障碍患者提供全方位服务。自2016年起，上海市嘉定区残疾人联合会通过公开招投标的方式，为辖区内200名有需要的精神障碍患者提供支持服务，动员更多的社区精神障碍康复者成为阳光心园注册会员，为精神障碍患者及其家庭打造“爱的港湾”。

（二）需求评估

精神障碍患者受疾病和社会偏见的影响，往往显得消极被动。他们沉默寡言，不愿主动与人交流，较严重的甚至不愿开口讲话；在行为上自我封闭，不愿意走出家门，对社会活动没有兴趣；在情绪上或低沉或悲观，缺乏自信心和坚强的意志。总体而言，精神障碍患者及其家庭的需求如下：

1. 生活照料的需求。社区康复的精神障碍患者通常处于慢性期，随着病程发展，其自理能力的衰退愈来愈明显，常伴随着生活疏懒、意志减退等现象。家庭成员除了要提醒患者按时服药，还要督促其按时起床，搞好个人卫生，管理好自己的日常生活用品，很多时候需要为患者代劳。有些患者出现怪异行为，如爱收集废物、未养成个人卫生习惯、常蓬头垢面，以及生活上基本不能自理，一般需要长期监护。

2. 心理支持的需求。精神障碍患者的心理弹性比健全人弱，情绪调节能力下降，面对生活挫折或逆境，一般采取消极的应对方式。大部分精神障碍患者认为，一旦被贴上精神疾病的标签，就会招致异样的目光。一方面，他们担心疾病对工作、学习、生活乃至婚恋产生影响；另一方面，疾病给患者家庭和社会带来不同程度的经济负担，使患者陷入自责和自我否定。面对社会歧视和排斥，精神障碍患者容易认同他人对自己的负面评价，自尊感低，易出现自卑心理。

3. 文体康娱的需求。不少精神障碍患者也有其他躯体疾病，有些精神障碍患者会因服药产生副作用，影响躯体功能，因此几乎所有精神障碍患者都存在不同程度的躯体康复需要。对于生活部分能自理及生活自理能力不强的患者而言，语言功能下降、学习能力减退、社会交往减少等往往导致其兴趣下降、生活变得越来越单调。他们需要参与体育锻炼、娱乐活动、休闲教育，获得更多学习、交流和沟通的机会，以转移注意力，消除苦闷情绪，丰富日常生活，从而实现社会功能干预。

4. 社会融入的需求。社区康复的精神障碍患者有依恋家属的特征，对周围事物和他人的举动特别敏感、多疑，缺乏社会交往礼仪常识，人际交往能力不强。社会大众对精神障碍的认知存在局限和偏差，也直接影响了他们对精神障碍患者及其家庭的接纳程度。社会工作者亟须打破社会大众对精神障碍患者群体的固有认知和歧视，应为双方架起一座沟通和互动的桥梁，使精神障碍患者与其家庭成员融合、与病友融合，并积极地融入社会。

二、项目策划

（一）项目目标

1. 总目标

该项目由上海复源社工师事务所（以下简称“复源事务所”）承接。通过开展核心健康大使培训、家庭照料者和精神障碍患者同伴支持俱乐部活动以及社区宣传与倡导活动，为精神障碍患者提供系统的支持服务，提高家庭照料者相互支持和照料的技能，促进精神障碍患者之间相互支持，营造和谐的社区氛围。

2. 具体目标

（1）提升家庭照料能级。复源事务所为家庭照料者开展照护技能培训，提高其照护的效率和质量，做到事半功倍；为具备一定生活自理能力的精神障碍患者开展卫生自理训练和生活技能训练，实现生活起居完全自我安排；

为患者及其家属提供有关社会、文化、情绪和职业生活方面的多元服务，尤其在社会政策、康复资源等方面协助患者及其家属，为患者争取适宜的权益和福利，从而更好地促进患者康复。

(2) 建立同伴支持网络。复源事务所组织成立“残疾人俱乐部兴趣小组”和“家庭照料俱乐部互助小组”，分别为患者及其家庭搭建同伴支持网络，促进患者交流互动，让他们在锻炼基础体能、语言表达能力、手工操作能力之余，学习社会生活规范和人际关系技巧，在团体中感受支持与爱的力量。患者家属的状态常会反过来影响患者的治疗与康复，“家庭照料俱乐部互助小组”为家属打开了一个沟通、宣泄、互助的窗口，助其减轻心理压力，提高心理健康水平，最终为患者的康复提供良好的家庭支持。

(3) 增强积极生活的信心。许多精神障碍患者抱有一种“得过且过”的生活态度，看待人和事物大都显得消极。复源事务所通过生活类、语言类、手工类、文化类、健身类等日常康复娱乐活动，结合节日庆典开展社会主题活动，促使患者开动脑筋，锻炼肢体，放松娱乐，将目光聚焦到生活中积极的有意义的一面，在活动中品尝成功的喜悦，改善生活懒散、社会功能下降的状况，增加生活的趣味性，使其积极地面对生活。

(4) 提高职业技能水平。复源事务所通过评估、培训等手段，帮助精神障碍患者恢复健康，增强他们料理自己生活的能力。复源事务所通过职业技能培训，让患者直面生活现实，在反复的模拟训练操作中，培养患者的持久力和忍耐力，帮助患者提高学习和劳动能力，接触社会生活，培养自主性和协调性，发展社会交往能力，为回归社会打下基础。

(5) 营造社区康复氛围。有研究发现，精神障碍患者的认知功能退化进程与其脱离社会程度呈正相关关系。换言之，不出家门、不接触社会的患者的认知功能容易退化。人的大脑神经具有可塑性，需要训练才能不断提高认知功能。复源事务所通过招募和组建“健康大使”社区志愿者队伍，走访和联络精神障碍患者及其家庭，鼓励患者走出家门，熟悉社区环境，积极地与社区融合。开展社区健康宣教活动，引导大众了解精神卫生健康知识，增强疾病防控意识，改善对精神障碍患者群体的刻板印象，营造和谐友好的社区康复生活氛围。

（二）服务方案

1. 心培育——“健康大使”招募与培训

志愿者的参与对项目的实施是有力的推动，充实了项目的人力资源。该项目在向社会各界招募志愿者的过程中，注重引导更多群众了解精神障碍患者，了解精神障碍患者的康复工作，唤起社会对心理健康的重视。该项目面向12个镇（街道）招募60名“健康大使”，协调组织有能力的社区志愿者和志愿服务组织为有需要的家庭提供志愿服务，为服务对象提供上门走访、活动辅助、社区倡导等服务。在项目周期内，复源事务所每月举办1次规范化培训或支持性沙龙，强化志愿服务能力，收集志愿者的反馈，为他们增添“心力量”，推动志愿服务健康、有序、长效发展。

2. 心相依——家庭照料者俱乐部

面向全区，该项目在每个镇（街道）成立一个家属互助小组，促进家属与患者的亲情联络，拉近家属之间的距离，彼此分享经验，在心理上和精神上互相支持、互相鼓励，缓解他们的焦虑情绪。每月开展1次家庭照料者俱乐部活动，以此为契机着力建立医、患、家属三方的互通桥梁，维持和完善患者的家属支持和资源网络，合力增强患者的康复效果。

3. 心互动——精神障碍人士同伴俱乐部

该项目面向全部精神障碍服务对象，以镇（街道）为单位组建同伴支持小组，在团体中提升自我认知水平，激发自信心，借助游戏、实操等小组活动缓解机能衰退，从而提升社会功能。复源事务所每月开展1次小组活动，以手工制作、体能锻炼、文化娱乐等兴趣类为主，激发患者参与的热情，丰富其日常生活。小组活动赋予患者较好的康复自主权利，可以提升患者综合能力，培养患者互助精神，并带动其他患者共同进步。

4. 心相连——职业技能培训

职业康复对慢性精神障碍患者恢复社会功能、稳定病情等起到了不可替代的作用。该项目针对有职业渴望和需求、具备基本职业能力的服务对象，开展一轮职业技能训练。通过整合社会资源，该项目努力激发患者的内在动力，帮助他们培养一技之长，以重返工作岗位或找到合适的职业，逐步摆脱对医护人员和家人的依赖，恢复独立生活能力，提升自我价值感，享受自助的快乐和成长的乐趣。

5. 心呼唤——社区教育宣传

组织开展1次社区精神卫生健康宣教活动，引导患者观察、接触与体验社会生活，改善或消除因长期与社会脱节而产生的负面状况。在患者与志愿者、社会大众的共建联系中，促进患者发挥自身潜能，适应社会生活；同时，改变社会群体对患者的负面评价，形成积极治疗康复的多方支持系统，打造适合患者康复的友好社会环境，最终实现患者重返社区、社会的目标。

三、项目实施

（一）招募“健康大使”志愿者

精神障碍患者的治疗和康复不仅需要专业医疗、社会工作的干预，而且需要志愿者的加入，这能为患者带来更多的社会接触机会和互动交流平台，扩大患者的人际沟通网络，加速患者社会功能的恢复。由于社会大众对精神疾病的认知存在局限性，许多人对服务精神障碍患者这一个特殊群体心存顾虑，因此在招募志愿者前，复源事务所梳理了与精神卫生健康相关的知识以及精神障碍患者的病症特点、行为习惯等，并明确了志愿者服务的要求。该项目启动后，复源事务所与12个镇（街道）进行对接，通过社区现场、志愿者网站、机构微信公众号、高校及其他社会组织推介等方式，接受报名登记近百人。经过筛选，复源事务所最后确定60名“健康大使”志愿者名单，并与他们签了志愿服务协议。

（二）做好志愿者培训和管理

复源事务所从“专业人做事，做事人专业”的原则出发，组织志愿者开展各类培训，为志愿者赋予使命责任并强化其服务能力，使精神障碍患者及其家庭接受更加专业适切的志愿服务。项目周期内，项目社会工作者为志愿者举行安全培训，列举了志愿服务中的安全事项，告知突发事件应急方案和处理步骤；邀请嘉定区精神卫生中心的医生进行科普，学习精神障碍患者复发表现、服药监测、康复训练、应急救护等内容；邀请心理咨询师带领开展交流与沟通沙龙，如2018年6月22日“与自己对话”活动和2019年5月10日“做一个会说话的人”活动，志愿者在活动中认识到表达能力的重要性，在情境模拟中感受到语言的艺术和魅力；开展手工或游戏类团建活动，增强志愿者团队的凝聚力，如2018年11月27日“感恩有你”制作永生花相框活动；细化志愿者工作的服务流程，规范志愿服务记录、归档工作，优化志愿者管理和激励机制，推动志愿服务高效有序开展。

（三）组建家庭照料者俱乐部

社区康复的精神障碍患者需要家属长期照顾和陪伴，家属承担了较多的生活照料和心理疏导工作。大多数精神障碍患者与其照料者之间存在关系紧张、互不信任的情况，越是与患者亲密的人受到的压力往往越大，有时患者甚至会把最亲的人看成最大的敌人，家属们的负面情绪和压力难以排解，于是产生无助感和失落感。该项目借助小组工作的形式，将面临相似伦理困境的患者家属组成一个团体，鼓励大家抱团取暖，一起渡过难关。

（四）定期开展家属互助小组活动

阳光心园是为病情稳定的慢性精神障碍患者提供日间照料、心理疏导、娱乐康复、简单劳动、社会适应能力训练的机构。患者在园期间，家属可得到暂时的喘息。复源事务所通过组织家属俱乐部成员参访各个阳光心园，既让家属了解阳光心园的性质、功能和内容，起到答疑解惑的作用，又增进家属间的交流互动，做好经验分享，获得心理支持，促进自助和互助，进而提升了阳光心园的入园率。复源事务所不定期组织家属和患者出游，或欣赏城市风景和城市文化，或了解民族传统风俗，在让患者接受大自然疗愈的同时，家属也能得到情绪的平复。家属作为主照料者，还定期参加各类讲座与活动，如2018年4—6月开展的“畅所欲言”家属支持小组活动，从学习“爱的鼓励”到认识负面情绪背后的“正面意义”，再到集体冥想和才艺互动，家属们在小组活动中彻底放松心情，互相安慰和鼓励，犹如一座座孤岛相连、相依、相靠，成为对方的彼岸。

（五）组建精神障碍人士同伴俱乐部

有的患者对疾病的认知存在偏差，认为自己已经痊愈，不需要继续治疗，且认为长期服药会对身体产生不良影响；有的患者在面对陌生环境时会感到紧张，产生他人迫害自己的不安焦虑，甚至恐惧。基于社会学习理论，复源事务所为同质性较高的部分患者建立支持小组，发挥小组协调性和组织性的功能，通过互动、彼此支持、教育、治疗等，促进组员态度、行为和情绪的改变，帮助患者更好地适应康复期生活。

（六）组织开展同伴支持小组活动

通过技能训练、劳动锻炼、科学教育、心理干预、文化娱乐等途径，患者可以不断发掘自身能力、提升自信心，尽可能恢复正常的功能或重新获得技能，改善精神状况，提高生活质量。2018 年 4 月 29 日，复源事务所邀请外冈镇卫生中心副主任医师开设“春季养生课”，医生结合当时节气、中医原理和传统文化习俗，从饮食、起居、运动、情志四个方面讲述，让患者科学全面地了解自己的身体状况。2018 年 6 月 19 日，复源事务所组织开展生活技能培训，让患者学习简单家务劳动、物品管理和使用，如四季被服清洁与整理、银行卡的保管和使用等。2018 年 11 月 9 日，复源事务所组织开展“水墨精邻”书画技能提升班，促使患者锻炼手眼控制协调能力，满足文娱需求，调节身心。患者在参与各类活动的过程中，与他人产生眼神交流或进行言语表达，有了独立完成任务或与他人合作的经验，培养了社会交往能力，也培养了自信心。

（七）按需举办职业技能培训

自 2009 年起，嘉定区每年举办残疾人职业技能竞赛，竞赛项目包括竹刻、草编、布艺画等传统手工艺，能人匠人不断涌现。开展职业技能竞赛，以赛促学、以赛促建，提高了残疾人的职业技能水平，培养和选拔了一批对接企业岗位需求的残疾人技能人才，进一步拓展了残疾人就业渠道，提高了残疾人就业能力，促进了残疾人技能人才的快速成长。2018 年 7 月 11 日，复源事务所与上海点宇花卉苗本专业合作社联合开展了“心灵花园”精神障碍患者职业康复活动，患者学习了如何使用园艺材料，学习了不同植物的种植方法(如水培、土培)，还有植物日常养护方法(如修剪扦插，以及装盆零售等简单工作)。2019 年 10 月 18 日至 25 日期间，复源事务所与区精神卫生中心合作开展了 3 次职业康复训练——“醇香时光”手冲咖啡培训，由菊园水咖啡老师进行现场指导和讲解。患者在学习技艺之余，走出了自己的小小“交际圈”，以咖啡会友，广交朋友，有了参与公益为更多人提供服务的特殊体验。职业康复训练帮助患者打破情绪本位，将注意力转向劳动作业，在训练中培养持久力和忍耐力，激发主动性和竞争性，增强社会适应能力。

（八）广泛开展社区宣教和融合活动

复源事务所始终坚守“康复一个人，解放一个家”的信念，通过开展组织/机构—家庭—社区之间的联动融合，对社会大众及时进行有效的精神卫生健康教育，宣讲精神疾病的相关知识以及接受治疗的重要性，引导居民正确认识和处理精神疾病和心理卫生问题，提高自身对精神卫生的关注度，提高健康水平，消除对精神疾病及患病群体的偏见。2018 年 6 月 7 日，复源事务所带领志愿者一同走进嘉定区精神卫生中心，开展关于精神卫生健康的社区与机构融合宣教。活动中，参与者将写满祝福语的爱心卡片投入祝福箱中，以文字形式向精神障碍患者及其家属们传递真情与关爱。2018 年 11 月 29 日，复源事务所联合嘉定镇西大居委会举办“星星点亮黑夜，感恩照亮光明”社区共融活动，精神障碍患者及其家属和居民们进行游戏互动、歌舞联欢，拉近了患者、家属和社区居民之间的关系。复源事务所还积极动员服务对象成为阳光心园注册学员，通过阳光心园这个社区载体，增强患者及其家属对社区的认同感和归属感，探索出以阳光心园为立足点、向外辐射的递进式社会融入模式。

四、项目评析

（一）需求评估分析与方案策划分析

1. 需求评估分析

需求调研是立项之本，既是项目的主要内容之一，也应当是项目实施的依据和风向标。该项目通过招募志愿者开展了摸底调研，项目开展初期针对12个镇(街道)精神障碍患者进行了比较全面的需求调查，了解和掌握了其基本状况、现实需求和面临的困境，为后续开展相关服务奠定了基础。需求评估可以采取调查法、访谈法、观察法等方法。评估可以从生理、心理、社会三个维度进行。服务对象的需求包括：一般需求，如躯体功能、心理健康、认知发展、情感支持等；阶段性需求，如不同病程发展期的治疗、照护和康复需求；特殊需求，基于不同文化程度、残疾程度、经济能力等形成的差异性需求。该项目的需求调研方式较为单一，调研样本范围不广、数量不多，调研内容虽涵盖了三个维度，但不够深入。值得肯定的是，复源事务所对调研情况进行了数据分析，撰写了详细的调研报告，但在制定项目方案和具体实施方案的过程中，缺少对调研数据和实际需求的回应与呈现，尤其是对个别化特征的反馈不足。

2. 方案策划分析

该项目是上海市嘉定区残疾人联合会通过公开招投标的方式，向社会组织购买的公益服务项目，已连续开展多年。自2017年起，该项目服务范围由6个镇(街道)扩大至12个镇(街道)，实现了全覆盖，考虑到机构的执行能力和专业水平，承接方由嘉定镇残疾人服务社变为复源事务所。新的项目承接方作为嘉定区乃至全市知名的社会工作专业机构，在招标要求基本上保持不变的情况下，从伦理操守和专业工作方法着手，将项目策划方案提质升级。相较于原先的方案内容，复源事务所在方案设计中完善了特殊群体的隐私保护制度，包括肖像使用协议等。此外，该方案以社会工作专业理论为指导，强调个案、小组等社会工作专业方法的介入，体现了社会工作服务的理念和价值。

（二）实施过程分析与服务效果分析

1. 实施过程分析

（1）从实施团队来看，复源事务所在团队组建方面呈现出一定优势，组建了以督导、项目负责人、执行社会工作者、心理咨询师等专业人员为主的团队。该项目主要有专职人员3名，其中2名为助理社工师；兼职工作人员9名，包括心理咨询师、精神卫生医生、财务会计和律师等专业人员；“健康大使”骨干志愿者60名，覆盖全区12个镇（街道）。团队成员数量基本上可以满足项目需求，工作人员专业职称的持证率超过80%。在员工培训方面，复源事务所多次安排工作人员参与机构内外的各类培训，但是缺少专门的工作人员年度培训方案。因此，复源事务所建立了志愿者档案，制定了较为全面的志愿者管理办法和较为详细的志愿者培训方案，2017—2018年项目周期内共开展了12次志愿者培训。

（2）从项目管理来看，复源事务所制定了岗位架构图。3名专职人员分工明确；制定了工作流程图，项目管理制度和运作流程内容明确，具有可操作性；制定了每月自查制度，准时向购买方区残联递交工作月报表，基本上能做到实时监督和及时反馈。但在内部管理风险预估方面还存在一些不足。项目开展中期，机构人员流动较快，曾影响了项目的顺利实施，导致多项预设指标未完成。在安全服务机制方面，该项目的每一个子项目方案都附有安全预案。在服务投诉机制方面，开通了专门的投诉渠道，项目周期内无任何投诉记录。在服务方法上，子项目多采用小组工作方式开展，如家庭照料俱乐部，活动多以游戏为主，子项目的专业目标不够清晰，小组工作整体专业性和针对性都较为薄弱，涉及运用专业方法来帮助社区精神障碍人群增能和康复。

2. 服务效果分析

（1）从实现程度来看，对照项目投标文件中量化的产出指标，即活动次数、场数和人数等要求，基本上完成了约定的项目计划。项目产出在一定程度上反映出复源事务所的组织协调能力和社区动员能力，反映出复源事务所对项目的整体管控能力。在2018—2019年项目周期内，该项目服务了嘉定区12个镇(街道)阳光心园的在册精神障碍患者，直接服务人数为133人，间接受益人包括镇(街道)相关工作人员、家属、志愿者、社区群众等1 200人，参与项目的志愿者有32人。志愿者服务记录显示，每个志愿者服务时长达到24小时，志愿者的参与让服务对象有了不同于家人的社会交往体验，在改变其退缩行为和促进其社会融入方面具有一定的积极作用。从效果目标来看，尽管复源事务所对60名兴趣小组成员开展了满意度调查，满意度高达98%，但复源事务所与服务对象及其家庭照料者、社区大众等社会支持系统的专业关系不够紧密，导致专业工作浮于表面，项目成效不够明显。

(2) 从综合效能来看，复源事务所曾多次获得国家及市、区级奖项，具有较强的社会影响力和号召力，项目周期内与12个镇(街道)残疾人服务社和区精神卫生中心加强交流联动，建立了良好的合作关系，为项目顺利开展提供了便利。同时，复源事务所通过在社区公益招投标网站、机构微信公众号、“菊园有戏”地方微信公众号等传播媒介上发布项目信息，提高了项目知晓率，扩大了项目影响力。项目开展受到精神障碍患者及其家属的欢迎，访谈时多数人表示愿意与亲人朋友分享自己参加的服务活动，说明项目的开展对于丰富精神障碍患者及其家属的精神文化生活、增进彼此情感交流与互动、协助建立社会支持网络具有一定的促进作用。

(三) 项目发展建议

1. 精准对接需求，提高差异化服务能力

整体来看，从需求调研到方案策划，项目各环节之间具有一定的关联性、层次性，也体现出一定的创新性。但从具体实施的内容来看，子项目多以活动串联、活动多以游戏串联，彼此间缺少一脉相承的逻辑性、连贯性。整体而言，该项目对精神障碍服务对象的一般性需求做出了回应，但对个性化、差异化的需求回应不够深入。针对需求调研结果，复源事务所应按病症特点、年龄认知、家庭结构等因素进行分类梳理或交叉分析，有些服务内容

是部分患者“真需要”的，而有些则是“被需要”的，在服务中不能“一刀切”。从项目总结评估来看，评估内容较为简单，对过程评估的描述较为笼统，很难评判项目中哪些要素或介入方法为服务对象带来正向改变、哪些活动内容并未达到预期效果。项目总结评估既是对需求的再评估，又是对项目成果的验收，科学有效的项目总结评估能为后续服务提升带来建设性的反思或本土化的思考。

2. 多方挖掘力量，构建外向型支持网络

该项目为精神障碍患者及其家属分别搭建了交流互动的平台，此外精神障碍患者通过参加有志愿者参与的活动，间接地与社会进行着小范围的互动。一方面，受限于志愿者人数和类型，服务对象的社会支持网络实际上单一脆弱，没有形成多维度纵横交错的有力支撑；另一方面，复源事务所忽略了利用本地原有的、良好的社区互助体系，忽略了不同群体之间存在共性问题，也可以互相提供支持与帮助。复源事务所应认识到，社会工作者是整个项目的统筹者和协调者，应发挥专业价值，将原本割裂的各个社会主体融合起来，既要动员热心公益、行动力强的群体，也要挖掘“不声不响”、容易被忽视的群体，社会力量越多元，越有利于编织一张社会支持大网。复源事务所可以通过志愿者“师带徒”、社会大众“老带新”，激活人员的增量效应，将精神障碍患者的支持网络织密织牢，达到事半功倍的效果。

3. 巧妙整合资源，发挥专业化团队优势

该项目要求通过社区宣传与倡导，在社区康复工作和职业规划方面为精神障碍患者提供更多的支持并给予他们更多的鼓励，让社区精神障碍患者走出家庭，融入阳光心园和社区生活，营造和谐的社区生活环境。但从项目执行情况来看，阳光心园注册学员比例仍未达到预期目标，社区氛围营造、社会倡导与动员也未达到最佳效果。复源事务所应充分发挥自身在合作资源链接、项目运作经验运用、资金募集、专兼职专业人员队伍建设等方面的优势，加强内联外引，调动资源，支撑服务目标。对于一些入园率不理想的阳光心园，在宣传普及和社区康复方式上，复源事务所应借鉴其他项目的经验并改进工作，让精神障碍患者就近就便地康复。在志愿者培训、家属俱乐部和同伴支持小组赋能过程中，复源事务所可以结合阳光心园提供的专门的技能程式训练教材，进行康复技能程式训练、监护知识培训。理论学习和角色扮演等活动，让大家掌握识别和处理药物副作用、与医务人员商讨药物作用的相关问题、进行症状的监控、识别病情复发的先兆症状等。另外，复源事务所可与区残联以及有关镇（街道）建立联席会议制度，定期沟通协商有关议题，尤其是结合镇（街道）各自特点进一步拓宽思路，群策群力，齐头并进，推动和谐共生、残健融合的社区环境建设。

本章小结

该项目是以精神障碍患者社区康复为出发点策划实施的一个社会工作服务项目。该项目依托辖区内12个阳光心园，通过招募健康大使志愿者、组建家庭照料者俱乐部和精神障碍患者同伴支持俱乐部，以及开展社区宣传与倡导活动，为精神障碍患者形成系统的支持服务，营造和谐的社区氛围。其中，家庭照料者俱乐部为家属打开了一个沟通、宣泄、互助的窗口，提供了喘息空间，释放了压力和情绪，重新从心得力；同伴支持俱乐部为患者搭建了一个交流、互动的平台，学习社会生活规范和人际关系技巧，在团体中感受支持与爱的力量。在今后项目的实施和管理中，社会工作者还要精准对接服务对象的需求，增强差异化服务能力，同时也要向外拓展挖掘力量，为精神障碍患者争取多元参与、多维协同的社会支持网络。

思考题

1. 为精神障碍患者及其家庭提供服务，你认为需要具备哪些专业知识？在服务过程中需要注意哪些问题？

2. 精神障碍患者职业康复包括哪些内容？你认为精神障碍患者就业困难有哪些具体原因？
3. 除了家庭之外，社区是精神障碍患者康复的重要场所，请你结合本年度世界精神卫生日主题，设计一场社区融合活动。

第六章 “阳光居家养护”残疾人社会工作项目

残疾人是一个特殊群体。他们在躯体、精神上的疾病或损伤以及先天性异常导致其机体出现长期、持续或永久性的身心功能障碍，他们特殊的身心状况和处境造成其生活上诸多不便，他们的家庭也因此承受更多的生活照护和精神压力。2009年，《上海市残疾人居家养护实施方案》颁布后，各区县相继开展了“居家养护”残疾人服务实施项目，选派有爱心的专业照护人员上门为有需要的残疾人提供居家养护服务，提高其生活质量，缓解其家属的生活压力。

一、项目描述

（一）基本情况

根据上海市残疾人居家养护有关文件规定，残疾人居家养护的条件如下：一是具有本市户籍，有残疾人证；二是未享受机构养护或日间照料（阳光之家、阳光心园）服务补贴的重残无业人员；三是原“7259”帮老助残行动对象(老养残家庭、未享受养老补贴政策的孤残老人)。根据2018年嘉定区残疾人动态更新数据,共有1 800名符合残疾人居家养护条件的残疾人,分布在嘉定区12个镇(街道)。他们因生理条件限制面临诸多生活不便,如生活自我照料不便、出行不便、社交生活圈子小、家庭照顾者压力大等。为满足嘉定区残疾人日益增长的居家养护需求,提高残疾人日常生活质量,减轻残疾人家庭的负担,上海市嘉定区残疾人联合会于2009年通过公开招投标的方式,面向全区有居家养护需求的残疾人[12个镇(街道)无业、肢体一级二级和视力一级残疾、生活困难且有需求的重度残疾人及其家庭],正式启动"阳光居家养护"助残社会工作服务项目,以满足残疾人多元化的服务需求,促进服务对象整体生活质量的提高。

(二)需求评估

嘉定区地域广阔,城乡社区经济、社会发展和生活形态存在一定差异,不同区域、不同残疾人个体面临着诸多个性化服务需求。总体而言,1 800名需要居家养护的残疾人面临以下共同需求。

1. 生活照料的需求

残疾人的身体存在缺陷,生活自理能力弱,生活照料是他们最基本的需求。2018年嘉定区残疾人动态数据更新调查显示,每月为符合居家养护要求的服务对象提供打扫卫生、洗衣、做饭、陪同外出看病、配药等上门生活照料服务是残疾人生活照料方面的共同需求。部分调查对象也提出,希望能根据实际需求和所遇到的问题,经由相关方评估,在征求服务对象及其家属意见的基础上提供个性化服务,切实满足他们多元化、特殊化的生活照料需求。

2. 心理康复的需求

残疾人的生活圈子小等使他们形成了特有的心理特点,普遍存在自卑心强、自我效能感水平低等问题;加之长期自我封闭,与社会缺少交往互动,心理状态较为压抑,负面情绪得不到有效释放,身心受到影响,严重影响其生活质量,期待心理康复。

3. 社会交往的需求

残疾人在身体和精神层面的弱势，直接导致其面临社会交往的困境，不仅参与社会活动机会少，而且有时不得不放弃参与。尤其是有精神障碍的残疾人及其家人，世俗化的偏见导致他们更加封闭。走出家门难、社会参与难，严重影响了他们与社会的联结。

4. 家属压力舒缓需求

家属是残疾人主要的生活照顾者。一方面，他们长年累月地要照顾残疾人而无法外出工作，进而影响经济收入；另一方面，长期照顾和传统观念又给他们带来较大的精神压力。双重压力使他们长期处于压抑状态，亟须获得舒缓身心的时刻。

二、项目策划

（一）项目目标

1. 总目标

该项目由嘉定区和谐家庭服务中心（以下简称“服务中心”）承接直至今日。服务中心依据社会工作理念和方法，组建了一支经过专业指导和科学管理的助残志愿者队伍，根据服务对象的共性与个性化需求，设计具有针对性的菜单式服务内容，为其提供家政服务、生活料理、精神慰藉和社区融合服务，促进其身心健康发展，帮助其扩大社会参与面、提高生活质量；同时通过宣传倡导，提高社会对残疾人的认识，增进对残疾人的理解，创造和谐友爱的社会舆论环境，推动残疾人事业的发展。

2. 具体目标

(1) 针对服务对象的基本生活照料需求，服务中心组织选派志愿者为服务对象提供上门生活照料服务，与服务对象签订服务协议，明确双方的权利和义务，确保服务对象知晓自身权益。

(2) 针对服务对象的身体康复需求，服务中心加强志愿者康复知识培训，提升志愿者康复服务能力，协助服务对象进行身体锻炼，提升其自我管理与服务的能力。

(3) 针对服务对象的心理需求,项目志愿者提供上门陪伴聊天的精神慰藉服务,开展心理咨询服务,聘请心理学专家对有心理障碍的残疾人进行心理疏导;对具有身心适应问题的服务对象及其家属,开展心理辅导、社会工作个案及社会工作专业小组工作,并总结形成有关案例。

(4) 针对项目管理需求,合理配备专业社会工作者和督导,严格按照政策规定,用社会工作方法开展居家养护服务;加强对志愿者的培养,通过各类培训提高志愿者整体服务能力。

(二) 服务方案

1. 志愿者队伍建设与管理

(1) 志愿者招募

服务中心通过社会招募、自荐、助残员和社区助残组织推荐等,面向全区组织招募有爱心、责任心、奉献精神的志愿者,根据服务对象人数变化调整相应的志愿者人数。

(2) 志愿者管理

服务中心对志愿者实施科学规范管理,以确保服务质量。制定规范的考勤、监管、成效评估等管理制度,并且实施划分片区管理,由一线社会工作者每月及时地对片区内的志愿者进行常规管理和奖惩,以保障输出的服务质量。每月开展分片区例会,以讨论解决片区问题,为志愿者提供即时的帮助。

(3) 集中专业培训

服务中心根据项目实施要求和具体情况,每年度开展的集中专题培训不少于 4 次,以提高志愿者服务的专业水平和质量,确保服务有效输出。

(4) 骨干志愿者团队建设

强化骨干志愿者队伍建设。服务中心结合项目实施状况和服务需求,由专业社会工作者带领服务对象开展领导力、团队沟通、集体荣誉感、自我价值感提升等方面的团队拓展活动。

2. 上门居家养护服务

服务中心为符合政策规定的服务对象每人每月提供 30 小时的上门服务，并对服务进行及时的记录与跟踪。

上门居家养护服务的具体内容要及时按照区残联下达的新增与删减服务对象名单进行调整，切实根据项目实际和服务对象需要，每月为符合项目要求的服务对象提供打扫卫生、洗衣、做饭、陪同外出看病、配药等上门生活照料服务，并根据签约对象的实际需求和所遇到的问题，经由服务中心评估，在征求服务对象及其家属意见后制定个性化服务内容，并完善项目的风险预防机制。

3. 心理团队康复服务

服务中心邀请经验丰富的专业心理咨询师为心理康复及慰藉需求较为迫切的服务对象及其家属开展专业心理团队康复和咨询活动，缓解服务对象及其家属的心理压力，促进其生活质量的提升。

4. 社区融合日活动

根据服务对象的特点和需求，服务中心可结合社区节假日活动安排，组织动员有需求的残疾人及其家属在志愿者的陪同下，走出家门参与社区活动，增强他们与社会的联系，提高他们的身心健康水平。

5. 社会工作案例与社会工作小组服务

(1) 社会工作案例

及时排摸发现一些消极、无助的服务对象，由专业社会工作者上门为其开展个案服务，提升他们的自信心和主观能动性，使他们拥有积极乐观的生活状态和心理状态，并形成专业案例。

(2) 社会工作小组服务

根据项目实施情况，社会工作者可开展针对家属、骨干志愿者的小组服务，通过社会工作专业小组服务，发挥小组作用，增进组员之间的联系和互动，提升服务质量，凸显社会工作的专业性。

6. 服务对象家属委员会

根据 12 个镇(街道)服务对象的分布和家属的参与情况，服务中心成立了一定数量的服务对象家属委员会，发挥家属委员会沟通残疾人与服务中心的桥梁作用，并定期开展例会，倾听家属和服务对象的心声，了解项目反馈意见，以提高项目管理效率。

7. 项目宣传与推广

为促进公益助残理念和做法在更广的范围内传播，倡导更多的社会人士及资源关注并参与助残服务，服务中心开展传统媒体与新媒体相结合、项目活动与助残活动相结合等多种形式的宣传推广活动，以扩大项目影响力和知名度，助力公益助残服务发展。

三、项目实施

本服务实施的基本框架是“规定动作＋拓展服务”。规定动作即为服务对象提供每月 30 小时的居家上门服务。拓展服务主要包括：针对有特殊需求的服务对象及其家庭开展个案关注、小组活动和社区融合活动；为希望出门的服务对象搭建社区平台、提供融入渠道；成立家属委员会对项目进行监督并提供意见反馈；智能化推进助残服务等。

（一）有序推动志愿者招募与管理

1. 志愿者招募与管理

通过自荐、服务对象和志愿者推荐、网络招聘等方式招募志愿者，截至 2019 年年底，共招募志愿者 710 人。服务中心一线社会工作者每月按照服务对象数量的 5％进行实地走访，另有 5％通过电话抽查监督志愿者服务开展情况，听取服务对象意见与心声，以不断提高服务质量和水平。同时，社会工作者每月走访镇（街道）残联相关人员，沟通汇报项目执行情况，听取镇（街道）残联的意见和建议，以确保项目顺利运行。

截至 2019 年 9 月底，服务中心共实地走访了 749 家，电话抽查了 626 户，走访镇（街道）残联工作人员 66 人次，整体服务满意度情况达到 98％以上。

通过关爱智能化管理平台，服务中心建立服务对象和志愿者的信息库，随时掌握志愿者的服务内容、服务时间、服务质量等，促进了项目的高效管理。

2. 分片例会和集中培训

为了促进项目要求及其他信息的上传下达，及时处理服务过程中的各类问题，有效管理志愿者团队，服务中心建立了“项目督导、主管＋核心社会工作者＋一线社会工作者”的管理架构，并且明确志愿者分片管理机制，由富有经验的一线社会工作者负责管理。根据服务对象在12个镇(街道)分布的规律，由7位一线社会工作者进行分片负责。健全的项目志愿者分片管理机制，为项目的有效运行奠定了坚实基础，提供了有力保障。

服务中心要求片区负责人于每月初召开1次志愿者例会，检查服务开展情况，贯彻落实志愿者服务工作制度与要求，总结上月出现的服务问题，分享优秀志愿者事迹，增强志愿者的纪律观念与责任感。

2019年度，服务中心特邀了上海宁远社工事务所，针对志愿者在服务过程中面对的沟通与情绪处理两大主题进行了6课时的体验式培训。培训对象为居家养护项目的425名志愿者。本次培训形式新颖，互动性强，取得了非常好的效果。

3. 骨干志愿者团队建设

针对骨干志愿者团队建设，社会工作者进行了前期沟通、调研与策划，对年度团队建设的方案进行了策划，同时对参与者进行了梳理，开展了1次团队建设活动。

（二）上门开展居家养护服务

服务中心为全区符合政策规定的1 983名(有新增)服务对象安排了居家养护服务——每个服务对象每月享受30小时的生活照料服务，并对服务进行及时的记录与跟踪反馈。对每一个新增服务对象都采取专门上门评估并签约的方式，确定服务对象所需的服务内容，安排志愿者与服务对象协商确定上门时间，要求志愿者对所有服务对象严格按照既定的时间和内容上门提供服务。

（三）组织开展心理团队康复服务

该项目实施过程中，服务对象及其家属的心理需求一直是一个比较突出的问题。服务中心针对他们的心理特点和服务需求，由专业心理咨询师按照嘉定南、北分片定期开展团队康复服务。项目实施周期内开展2组团队康复活动（每组3次，每次10人）。通过参加团队康复活动，服务对象有了积极的变化，比如原来内向的服务对象后来敢于表达自己的想法了，原来强制专横的母亲后来也可以倾听儿子的心声了。

（四）组织开展社区融合日活动

虽然该项目的服务对象众多，且他们大多难以顺利走出家门参与社区活动，但是在服务中心工作可以覆盖的范围内，社会工作者还是尽可能地去发现合适的服务对象及其家属，引导他们在志愿者的陪同下走出家门、走进社区，与其他服务对象、家属群体互动交流。此类活动有利于增强他们对社会的黏性，从而改善他们的身心健康状况。社会工作者分别借助端午节、中秋节契机，组织南翔、嘉定、菊园新区、新成路和马陆片区的部分服务对象及其家属，开展了社区融合活动。在社会工作者的组织策划下，服务对象参与度高，大家一起欢度传统佳节，活动氛围浓厚，达到了预期目标。

（五）组织开展个案和小组专业服务

服务中心针对调研排摸中发现的一些消极、无助的服务对象，由专业社会工作者上门为其开展个案服务。社会工作者运用心理社会治疗模式和危机介入模式等，采用理性情绪疗法、增能等专业社会工作方法，对他们进行压力释放、情绪排解、人际交往、亲职教育、婚姻调处、就业帮扶、资源链接等方面的辅导和帮助，激发他们主动改变的动机，发挥他们自身的优势，发掘自助互助的潜能，培养他们乐观的生活态度。社会工作者针对已经结案的两个个案及时进行总结和反思，形成了典型案例。

服务中心还针对志愿者骨干开展了小组工作，共组织了5次活动，主题是破冰、澄清志愿服务动机、了解残疾人心理、学习志愿服务技巧、共创残疾人美好生活愿景等内容，既增进了志愿者之间的了解，同时也使他们获得了志愿服务的知识与技能，得到了小组成员的支持。服务中心在小组活动开展过程中和结束前均开展了满意度测评，结果较为理想，组员均反映有收获。每次小组活动均由专业社会工作者负责策划实施，项目督导定期跟进小组活动，掌握小组动态，确保各项工作达到预期目标。

（六）组织开展家委会活动

服务中心于2015年成立了服务对象家属委员会，从最初的12人发展至2019年的17人，分别来自12个片区。家属委员会是服务中心与残疾人之间沟通的桥梁，有效发挥家属委员会的作用，能更好地完善有关运作机制，促使其实现自我运转、自我管理。

服务中心组织家属委员会定期召开工作例会、举办主题活动，一方面使家属委员会成员及时了解项目的进展情况，另一方面定期听取家属委员会成员对于项目的意见和建议，从而促使项目运作良性发展、管理更加高效。家属委员会每季度召开1次会议，每次参会人数为12～17人，每次由社会工作者发布议题进行专门讨论和分析，并由家属委员会对讨论结果的实施进行监督，持续改进和优化服务流程。

（七）组织开展多种形式的宣传活动

服务中心灵活开展了各种形式的宣传活动。

1. 线上宣传

通过机构微信公众号、社会实践园微信公众号、睦邻中心微信公众号等相关平台推送有关活动信息，并借助上海社会组织网、机构网站等网络资源进行宣传。

2. 线下宣传

每季度印制项目简报500份，发送给项目购买方、业务主管部门、登记管理机关、服务对象和志愿者等。

3. 工作人员宣传

服务中心工作人员会将宣传工作融入自己的生活和工作中，对于一些服务对象、志愿者等进行积极的口头宣传。

4. 参与公益活动宣传

服务中心工作人员积极参与区残联、实践园、党支部、社会组织服务中心等开展的公益活动，在活动中对项目进行宣传，扩大项目的影响力。

四、项目评析

（一）需求评估分析与方案策划分析

1. 需求评估分析

需求评估是策划公益项目的基础，关系到项目实施的顺畅性、可行性和有效性。笔者有幸在评估现场通过访谈项目负责人和查阅有关资料，了解到服务中心需求评估情况。服务中心自 2009 年承接项目起，连续十几年开展需求调研分析。在调研方式上，在项目年度立项前通过上门走访、专题座谈会、电话抽查满意度等方式进行调研；在调研人员组成上，吸收了社会工作者和志愿者；在调研主题上，围绕服务对象及其家属对项目实施的整体感知、服务内容匹配度、服务礼仪和监督管理情况等，形成调研报告，提交给购买方，在听取购买方和其他利益相关方的意见后，服务中心完善了介入策略，确保项目服务有序开展，维护和保障了服务对象的合法权益。项目运作多年来，先后获得嘉定区和上海市授予的多项荣誉，品牌效应逐渐凸显。因此，从需求评估的频率、主题、形式、人员组成、作用发挥等角度进行评价，服务中心需求评估较为科学、规范，但查阅服务中心具体的访谈资料发现，其问卷内容设计还需根据服务对象及其家属的文化、认知水平和个体服务情况进行个性化调整，其调研分析报告还需呈现服务对象及其家属的主观感受和调研者上门观察分析情况，以便更加规范、完整地呈现嘉定区居家养护残疾人及其家属所面临的需求和问题。

2. 方案策划分析

方案策划是项目实施的起点，不仅关系到项目实施的可行性和服务计划的完成，还关系到服务对象、购买方和相关方需求的满足。多年来，该公益助残项目的立项、招标要求基本不变，服务中心也保持稳定。基于需求来设计服务是公益项目运作的逻辑起点，服务中心在运作服务的十几年中，形成了“规定动作＋拓展服务”的指导思想，即在完成为服务对象提供每月30小时的居家上门服务的规定指标的同时，每年基于需求评估和有关政策文件要求，拓展新的服务内容。十几年来，主要拓展服务包括个案、小组和社区融合服务，充分发挥家属委员会的桥梁和监督作用。服务中心的方案策划符合公益项目运作的“需求＋策划＋实施＋评估＋改进”理念要求。笔者作为评估员，通过在评估现场查阅服务中心的方案策划发现，其方案策划整体架构较为规范，实施内容与需求评估较为匹配，时间安排、人员配合和预算较为合理，整体设计体现出一定的专业性和规范性。但在其方案策划中，目标设定与实施内容的“SMART”原则体现等方面有待加强。

（二）实施过程分析与服务效果分析

1. 实施过程分析

（1）项目团队。服务中心工作人员和上门居家养护志愿者是项目团队的核心人员。从服务中心工作人员的组成来看，目前项目团队共有12人，包含社会工作者6名、心理咨询师3名、会计师2名、行政人员1名。笔者了解到，自承接项目以来，服务中心注重专业人员的引进与培养，先后引进2名有多年一线服务经验的社会工作专业硕士研究生，由他们担任子项目的负责人，提升了项目的专业化水平。从居家养护志愿者队伍建设来看，为确保专业指导和科学管理的志愿者队伍建设，服务中心特别注重对志愿者的管理与培训，不仅制定了志愿者管理办法，而且结合志愿服务的需求制定了年度培训方案。从服务实施情况来看，服务中心上半年组织开展了家政服务实操技能培训、沟通技巧和志愿者服务理念培训等，培训内容具有一定的针对性和实用性，一定程度上符合服务需求和志愿者的实际情况。

（2）项目管理。服务中心组织管理架构清晰，设立了项目管理委员会，下设项目部、行政部，各部门设置了相应的岗位，配备了工作人员。服务中心通过工作例会、片区负责人会议、志愿者工作会议等信息沟通渠道，保障了工作的顺利开展。

服务中心在工作人员管理与培训方面比较规范。在服务方法上，注重传统居家上门服务与社会工作专业服务相结合。在宣传推广和资源链接方面均较为突出，多次被嘉定区和上海市有关媒体报道，整合了多项社会资源，拓宽了服务对象的受益范围。

2. 服务效果分析

(1) 从目标实现程度来看，该项目的宏观目标是通过建立一支由专业人员指导的助残志愿者队伍，根据残疾人及其家庭的需求，提供家政服务、生活料理和精神慰藉，使他们的身心健康状况得到进一步改善，充分参与社会生活，共享社会物质文明和精神文明建设成果，生活质量不断得到提高。对比项目方案和实施过程，服务中心围绕总目标进行设计，在服务内容、方法、区域和进度等方面均已达标；助残服务过程较完整，基本上符合社会工作专业规范；服务中心能够运用个案、小组、社区等社会工作专业方法开展服务，能够根据服务对象的需求，开展具有个性化和创新性的服务。过程目标和结果目标基本上得以实现，但骨干志愿者培训对象的选拔和需求评估、协助服务对象身体锻炼康复过程记录等均需强化。

(2) 从综合效能来看，服务中心作为嘉定区知名助残机构，连续十几年承接该项目，充分发挥自身专业优势，整合社会资源，提升了服务的规范化和专业性程度，拓宽了服务对象受益面。在影响目标实现程度方面，通过自有宣传刊物《和谐之声》，推荐案例至“中国社会工作”微信公众号，出版案例集，在区级和市级电视台、报纸、杂志上进行宣传报道，提高了曝光率，扩大了项目的影响力。

(三) 项目发展建议

1. 加大志愿者管理的力度

项目志愿者是实施该项目的重要力量，志愿者的素质和服务能力关系到上门居家养护服务的质量。笔者也曾旁听了一场全区范围内的志愿者培训，发现培训的内容较为宽泛，培训细节有待进一步完善，志愿者的主观能动性有待提高。因此，笔者对服务中心提出以下建议：第一，加强制度建设，从制度安排上对志愿者的服务内容和服务质量进行有效的监督和评价，并通过片区会议、中心会议以及过程评估等不断强化落实。第二，在对需求评估和项目整体实施要求进行分析的基础上，提前拿出志愿者管理和培训计划，并通过会议让志愿者提前知晓具体安排，以做好上门服务与参加培训的时间协调。第三，在培训的设计与安排方面，应提高其针对性，注重在日常服务中发现与收集问题，有针对性地开展培训，增强志愿者培训的效果。

2. 提高专业服务的能力

笔者在查阅拓展服务资料、访谈服务中心有关人员后发现，项目服务内容的专业性还有待提升。因此，笔者对服务中心提出如下建议：第一，从策划的源头开始就注入社会工作理念，彰显社会工作专业性；在提供居家养护服务的同时，培养服务对象的自我责任意识，挖掘其潜能，促进其成长；注重人和环境的改变，协助服务对象自我成长。第二，通过运用个案管理、互助小组、家庭服务、社区教育等多元服务模式进行介入，帮助服务对象建构起社会支持网络，实现服务对象的康复与增能。第三，在现有服务基础上深化专业服务，针对重残人员的多元需求创办新型家政服务，加强对志愿者的现代服务意识和心理健康知识方面的培训，突破传统的上门家政（尤其是打扫卫生）服务思维，拓展和深化家政服务的内涵；个案、小组服务过程和服务效果的台账等方面需要进一步体现专业性。

3. 凸显典型案例影响力

作为连续十几年运作的助残公益项目，且作为上海市嘉定区残疾人联合会购买经费和服务体量都属于大型公益项目的社会服务项目，理应呈现出更多的典型案例，以彰显项目的现实意义。笔者在评估现场发现，尽管服务中心编印了《和谐之声》项目期刊，但内容多是关于项目进展的报道，对典型案例和感人故事的资料呈现不足。建议服务中心在以后的服务实施中，注重做好典型案例的收集，通过社会工作者走访、个案服务、志愿者片区会议等多种方式发现典型案例；发挥其组织资源优势和专业优势，对典型案例进行加工提炼，宣传推广典型事迹，大力弘扬志愿者爱岗敬业、乐于奉献的服务精神和服务对象及其家属自强不息、勇往直前的新时代奋斗精神。

4. 体现专业督导过程

该项目已实施多年，辐射面广，社会工作专业人员多，影响力大。服务中心注重社会工作专业人才的引进和配备，以确保专业人才搞好专业服务。服务中心积极向“中国社会工作”微信公众号投稿，有关报道产生了较好的宣传效果。但笔者在评估工作中也发现，机构主管或督导对社会工作者的专业指导比较有限，其人员培训资料多是项目交流、例会等，专业性培训显得不足。建议服务中心后期在加强家政护理员人才队伍建设的同时，对现有的社会工作者队伍做好内部培训和督导工作，明确团队人员分工和职责，开展多种形式的督导服务，彰显专业督导在项目实施过程中的功能与价值。

5. 优化科技助残服务

该项目涉及众多的服务对象和志愿者，目前使用“暴关爱”智能服务系统，能够适时、科学地统计出志愿者的服务时间、服务质量和服务内容，为科技助残插上了翅膀，具有积极的带动和影响作用。目前，“暴关爱”智能服务系统主要是利用科技手段，实时规范项目志愿者上门服务活动，开启科技助残的第一步。但其对项目整体运作的科技助残理念体现不足，建议在以后的项目运作中，服务中心与技术方多加合作和沟通，该系统还可以在项目运作和管理、项目宣传、需求调研、相关培训知识提供等方面进行整合，持续推动科技助残的进程，让服务更规范、更高效，真正实现“科技助残我先行”。

本章小结

该项目主要为全区符合政策条件的残疾人提供上门居家养护服务，在完成规定任务的同时，也开发了创新性服务，并通过社会工作专业和科技助残行动的介入，使残疾人享受到人性化和专业化的服务，既有效减轻了家庭照顾者长期照护的负担，也有力地改善了其身心健康状况，建构了新的社会支持网络。在以后的项目实施管理中，服务中心还需强化居家养护志愿者的培训和管理，强化专业督导，持续提高服务质量和管理效益，惠及更多有需要的残疾人及其家庭。

思考题

1. 根据该项目运营实际，分析居家养护志愿者管理可能会存在哪些问题，并从社会工作专业角度，提出对志愿者实施有效管理的策略。
2. 在该项目中，如何更好地发挥家属委员会的作用？
3. 社会工作机构承接公益项目后，如何推动“科技助残”与社会工作专业服务相结合？

第七章 “阳光工坊”残疾人就业社会工作项目

残疾人的就业问题，事关每一个残疾人的生存和发展。做好残疾人的就业保障工作，扩大残疾人就业，是当前社会保障工作的一项重要任务。近年来，残疾人社会保障水平逐步提高，残疾人康复服务面逐步扩大，残疾人受教育程度明显提高，残疾人就业状况逐步改善。然而，残疾人就业工作仍然任重道远。

一、项目描述

（一）基本情况

残疾人这一人群基数庞大、特征突出且有特殊需求。自 2018 年以来，我国持证残疾人就业人数均保持在 850 万人以上，约占残疾人总人口的百分之十。其中，残疾人从事的行业多为盲人按摩、社会福利中心和简单体力劳动等薪资不高的工作。我国残疾人面临着就业率低、就业方向较为单一、就业层次较低和个人价值难以实现等方面的问题。2019 年，国务院总理李克强在第六届全国残疾人职业技能大赛暨第三届全国残疾人展能节上就提升残疾人职业技能、促进残疾人就业创业工作做出重要批示:“针对残疾人实际创新方式、丰富内容,加强职业教育和职业培训,做好就业创业指导帮扶,着力消除残疾人就业创业障碍,推动农村贫困残疾人精准脱贫,帮助更多残疾人用勤劳和智慧实现就业创业梦想与人生价值。”那么,如何加强残疾人职业教育、增加专业技能培训、拓宽残疾人就业渠道,让残疾人掌握实用技术,成为当前促进残疾人就业工作的重中之重。残疾人需要通过就业参与社会活动、改善生活、创造人生价值,而残疾人就业则需要依靠良好的就业环境和包容的社会环境。残疾人在非遗领域的就业在一定程度上对残疾人就业政策环境和社会认知产生了积极影响,为他们就业和融入社会创造了有利条件,有助于增加残疾人的收入,增加非遗产品的附加值,丰富非遗产业的表现形式,创造更多的经济价值。

嘉定区是上海市最早设立的区划之一,是一座具有800多年深厚历史底蕴的文化古城,拥有丰富的历史文化遗产。嘉定竹刻就是一项上海传统工艺,于2006年5月入选第一批国家级非物质文化遗产名录。它以刀代笔,将书、画、诗、文、印诸种艺术融为一体,赋予竹以新的生命。我国传统工艺品百花园中另外一株绚丽的奇葩就是嘉定徐行草编,具有悠久的历史,既是传统的工艺品,又是自然环保产品,用黄草编织出的工艺品乡土气息浓郁、样式新颖、色彩丰富、工艺精致,极具民族特色。残疾人中能工巧匠很多,他们承担着保护和传承非遗的重要任务。从事传统工艺的残疾人具有丰富的艺术创造力,也秉持着精益求精的工匠精神,在保护和传承非遗方面发挥着重要作用。上海市嘉定区残疾人联合会立足本地非遗优势资源,探索尝试将非遗传承与残疾人就业创业结合起来,于2011年4月推出专门针对残疾学员的非遗传承培训项目——“阳光工坊”。该项目采用公开招投标的方式,由嘉定区徐行镇残疾人服务社(以下简称“徐行服务社”)承接,旨在利用嘉定传统工艺黄草编织、嘉定竹刻等非物质文化遗产,鼓励、支持残疾人参与文化遗产的学习和传承,帮助他们掌握技能,实现就业并扶持创业。

（二）需求评估

徐行服务社在启动项目之初，在上海市嘉定区残疾人联合会的统筹协调下，由各个镇（街道）残疾人服务社鼓励残疾人自主自愿报名，最后确定 29 名残疾人作为培训对象，有聋哑人，也有精神障碍人员和肢体残疾人。虽然 29 名培训对象的生活背景、学习能力和就业技能各有差异，但总体而言，他们有共性的需求。

1. 技能培训的需求

29 名培训对象大部分受教育程度低，缺乏一定的技能，无法实现真正就业。这就要求当地有关部门在残疾人中培育一批优秀的非遗传承者，让他们参与到项目活动中来，掌握一门非遗技能，同时也为他们今后的就业提供更多的方向。

2. 社会康复的需求

就业是残疾人康复的重要环节，残疾人通过参加培训，在保护和传承非遗的同时，带动就业创业，发掘、恢复和增强社会功能，增强社会适应能力，满足社会康复的需求。

3. 非遗传承的需求

从残疾人就业现状来看，残疾人就业率低、就业层次低、职业单一、薪资不高，这些问题可以在非遗就业中寻找解决和改变的方法。此外，从非遗传承角度出发，非遗传承困难、后继无人、缺乏稳定性等问题也可以从残疾人从事非遗工作中得到解决。

4. 营销创新的需求

公益产品营销由于与商业消费具有弱关联性，话题具有温暖、积极向上的特点，容易受到大众的喜爱，因而徐行服务社需要在已有的前店后厂式运营和销售模式基础上，研发新品，拓宽销售的渠道和模式。

二、项目策划

（一）项目目标

1. 总目标

“非遗＋培训”有机结合模式是嘉定区促进残疾人就业的一项重要举

措。它有助于提高残疾人的职业素养与技能水平，增强残疾人就业竞争的能力，在保护和传承非遗的同时，带动创业就业，促进就业增收。该项目旨在进一步发挥助残技能培训的效能，通过“传、帮、带”的模式，残疾人志愿者可以利用自身技能帮助他人、反哺社会，提升其他残疾人的自信心和获得感，进一步强化其社会价值，改善其生活品质。

2. 具体目标

(1) 提升就业技能。徐行服务社利用嘉定传统工艺特色项目——竹刻和黄草编织文化资源，系统地、有针对性地开展非遗传承培训，使残疾人掌握非遗知识技能，培养审美力、创造力，锻炼动手力、合作力、表达力，制作出各类竹刻和黄草编织手工品，增强其自谋职业和自主创业的能力与信心，达到以培训促就业、以就业促增收的目的。

(2) 促进社会融入。徐行服务社将“阳光工坊”打造成残疾人技能培训和实训、产品展示和销售的融合性发展基地，丰富残疾人技能培训的形式，丰富其文化生活，充分展示残疾人自强自立的精神风貌，使外界对残疾人形成正确的认知，让残疾人感受到社会的关注与关爱，促进残疾人更好地适应社会和融入社会。

(3) 推动非遗传承。徐行服务社通过开展非遗技能的培训，弘扬和传承工匠精神，发掘和培育一批优秀的残疾人非遗传承者和新时代工匠，让他们学习非遗、掌握非遗、传承非遗，使非遗文化在“阳光工坊”中生根发芽，达成传承非遗的共识，加深嘉定博大精深的非遗竹刻和黄草编织文化名片的底色。

(4) 创新销售模式。徐行服务社要结合机构自身业务和非遗工艺特质，突破传统销售方式，借助上海市嘉定区残疾人联合会资源对接平台和互联网销售优势，共同设计出既能满足受益对象需求，又能符合公众需求的非遗产品和销售渠道，以更加宽阔的视野、更有内涵的面貌呈献给社会大众，切实解决社会问题，实现多方共赢。

（二）服务方案

1. 开展日常培训

徐行服务社为“阳光工坊”的学员提供黄草编织和竹刻技能培训，在项目周期内至少保证有 30 名残疾人在机构内接受全日制实训，技能明显提高；跟进扶持 6 名居家就业学员，同时双休日培训学员不少于 10 名。

2. 启动传承工程

徐行服务社选拔优秀的残疾人作为竹刻、黄草编织非遗传承人培训工程的对象，在项目周期内培育 4 名非遗传承人，打造非遗传承后备队伍。

3. 举行技能大赛

徐行服务社在项目周期内举行 2 次主题为“取长补短，再接再厉”的技能竞赛，评选 2 次“工坊之星”，充分展示学员的才华与技能，增强团队的凝聚力和向心力，达到以赛促学、以赛促教、以赛促改、赛学结合的目的。

4. 召开家委会

徐行服务社在项目周期内召开 2 次家属委员会会议，倾听家属委员会成员对学员培训的想法和建议，进一步密切家坊联系，更好地架起家坊之间沟通的桥梁，为继续扎实工作、开拓创新提供有力保障。

5. 开展多元活动

为丰富学员精神文化生活，徐行服务社在项目周期内组织策划形式多样、内容丰富的团建活动，包括举办 12 次集体生日会，组织学员观看 2 次电影，举行 1 次“比出风采，超越自我”运动会和 2 次养生讲座，组织 1 次“爱生活，爱阳光”外出参观学习和 1 次中秋义卖活动，召开 2 次交流座谈会和 1 次年终项目联谊活动等。

三、项目实施

（一）开展常规培训，持续提高技能

非遗技能的培训对保护与传承非物质文化遗产有着积极意义，掌握一门非遗的技能可以很好地促进残疾人就业。黄草编织品是上海市嘉定区的

传统手工艺品之一，织品种类达 20 个大类上千个品种，于 2008 年入选第二批国家级非物质文化遗产保护名录。而嘉定竹刻以"深刀刻法，即举刀深峻，洼隆浅深，可五六层"为主要特征，将书画艺术融入竹刻，使作品能表现出丰富的画面层次和立体效果，具有明显的地域风格和鲜明的原创性，审美价值远远超过实用价值。全年项目周期内共培训全日制学员 29 名，其中学习黄草编织和竹刻的学员分别为 13 名、16 名，聘请了 2 名草编指导教师、1 名草编设计指导、1 名竹刻指导教师，对学员们进行全日制指导。在正式编织之前，匠人须将黄草顶部的花苋剪去后进行染色漂洗、晒干备用，经过起底、装模、编面、结口、缝边、装配件等，才能最终编织成一件精美的黄草编织品。而竹刻制作经由煮晒、制坯、起稿、粗刻、加工、修整抛光这几个环节，将书、画、诗、文、印诸艺术融为一体，赋予竹子以新的生命。工艺流程的复杂性和工艺制作的专业性要求带教老师全程耐心细致地进行指导，尤其是黄草编织更是需要手把手示范教学，加之 2 名草编指导教师的年龄都在 65 岁以上，整个编织过程耗时耗力，项目周期内又新增了 1 名兼职草编指导教师，以减轻原有指导教师的教学和制作的压力。

（二）举行技能比赛，展示学员风采

为了检验学员参加黄草编织和竹刻培训学习的成果，充分展示学员团结向上的精神风貌，调动学员培训学习的积极性和能动性，徐行服务社在项目周期内组织策划了 2 次主题为"取长补短，再接再厉"的技能竞赛和非遗设计比赛（由学员自主设计作品），共评选出 6 名"工坊之星"。他们发挥领头羊的引领示范作用，带动更多的人参与技能学习和技艺传承，为培养非遗传承队伍提供人才支撑，更好地发挥以赛促学、以赛促训的作用。徐行服务社在赛前对学员做好组织动员工作，详细说明比赛要求和具体任务，让学员有的放矢地准备各自的比赛项目。在比赛过程中，学员们的非遗技艺和设计作品充分展示了竹刻、黄草编织的基本功和精湛的技能，彰显了深厚的非遗文化底蕴，宣传了非遗与就业的理念，起到了展示项目形象、促进交流学习、强化职业技能、提高产品质量的作用。技能大赛既是对黄草编织和竹刻传统非遗工艺的传承，也是对黄草编织和竹刻非遗工匠精神的凝练与呼唤。

（三）开展文体活动，丰富业余生活

目前29名学员都是全日制培训，两点一线的生活较为单一。为了丰富学员们的精神文化生活，活跃工坊学习氛围，拓展活动形式和团建内容，徐行服务社组织开展了一系列助残文化活动。

1. 举行集体生日会

为了促进学员间的交流互动，增加学员间的情谊，营造更加温馨的集体生活氛围，徐行服务社每个月策划举办1次集体生日会，项目周期内共举行了12次。每次集体生日会，工作人员都会为寿星们送上生日蛋糕和生日祝福。大家围在一起看着点亮的蜡烛，开心地唱着生日歌，那洪亮和充满自信的声音以及脸上洋溢着的灿烂笑容，正是对积极生活的向往。在大家的祝福声中，寿星们许下了美好的愿望。大家共同分享着他们生日的喜悦，现场充满着温馨欢乐的氛围。学员们纷纷表示：通过参加集体生日会，他们感受到了“阳光工坊”集体的温暖和关怀，增强了幸福感和归属感。

2. 组织外出观影活动

为营造全社会关爱残疾人和扶残助残的浓厚氛围，结合开展党史学习教育，徐行服务社在“全国助残日”系列活动中特别安排了2次红色电影观影活动，为学员们送上精神文化“大餐”。观影活动充分发挥了红色电影的教育、引导和激励作用，在丰富残疾人精神文化生活的同时传承红色基因，进一步激发了残疾人工作者、残疾人及其家属的爱党爱国热情，并传达珍爱生命、自强不息、拼搏进取的人生信念。观影者被电影里女排姑娘们扎实精湛的排球功底、顽强拼搏的奋斗精神、热烈赤诚的爱国情怀深深吸引和感动，纷纷表示深受教育，并为观影活动点赞，希望区残联以后更多地开展这类活动。

3. 举办主题运动会

为了增强学员的健康意识和身体素质，培养其团队意识和合作精神，徐行服务社于2018年5月24日举办了以“比出风采，超越自我”为主题的趣味

运动会，全体学员踊跃报名。此次运动会以团队赛形式进行，运动项目包括踢毽子、乒乓球投准、袋鼠夹球、击打乒乓球、跳绳。根据学员前期自由组队的情况，徐行服务社将参赛人员分为必胜队、最炫无敌队、阳光队和鸿运队4组，每组5人。比赛采用积分制，以比赛项目的总积分高低判定小组名次。工作人员简单介绍了此次运动会的比赛形式、分组情况和比赛规则，拉开了趣味运动会的序幕。比赛现场充满了趣味性和挑战性，又处处体现着团队精神。比赛中，每一个学员都奋力拼搏，一心为自己的团队增光添彩。有的学员中途有打退堂鼓的想法，但工作人员和带教老师不停地在他们身旁加油鼓劲，使他们重振信心，坚持完成了每一场比赛。各场比赛精彩连连，学员们活力四射，时不时地传来观众喜悦的笑声和热烈的掌声。在轻松愉悦又不乏紧张刺激的氛围中，多彩的趣味运动会落下了帷幕。学员们本着安全第一、友谊第一的运动精神完成了所有运动项目。最后，“阳光工坊”项目主任为表现优异的学员颁发了奖品，并与学员们合影留念。比赛的输赢并不重要，重要的是他们在参赛的过程中确立了积极自信的生活态度，促进了身心同步健康发展。趣味运动会受到工坊学员和带教老师们的一致好评。此次活动的举办，让学员们感受到了团结、友爱、互助的大家庭的温暖，留下了一段美好回忆。

4. 组织户外踏青活动

3月份，草长莺飞，冬日寒意未退，盎然春色已来临。3月正是外出踏青的好时节，为了让“阳光工坊”的学员们感受春天、享受大自然，同时也能锻炼身体、放松身心，让他们感受世界的缤纷和生活的美好，徐行服务社于2018年3月14日组织全体师生前往湖州图影湿地公园和太湖渔人码头开展了主题为“爱生活，爱阳光”的踏青活动。太湖图影湿地公园的水域占了总面积的60%，以山为图，以水为影，山水交映，满眼皆景，学员们寄情于山水，陶冶性情。太湖南岸的渔人码头别具特色，淋漓尽致地展示了湖州江南水乡的无限风情和吴越文脉。一天的踏青活动中，大家一路上有说有笑，全程展现了奋发向上的精神风貌。这次活动一方面让学员们感受到了春天的生机，帮助学员们树立了勇敢面对生活的信念，另一方面也让学员们娱悦了身心，体验到慢生活的美妙节奏。

5. 举办养生讲座

徐行服务社关心学员们的身体健康，为增强他们的健康意识和自我保健的能力，分别于 4 月和 7 月举行了 2 次养生讲座，全体学员和带教老师参加了讲座活动。资深心理师就季节性心理保健、日常养生等健康知识为大家做了详细讲解。心理师通过列举大量生动的、真实的案例，讲解了情绪与健康的关系、如何培养自信等问题，从专业的角度分析了当前残疾人极易面临的心理问题以及产生的原因，并就如何消除这些困惑提出了科学的指导性意见，为大家做了一场既精彩又实用的讲座。心理师在讲座中还设置了知识问答环节，现场听众发言踊跃，抢答积极，学习氛围浓厚。徐行服务社通过举办养生讲座培训，使学员们了解到健康生活方式的重要性，学习了更全面的康复知识，帮助他们增强了生活自理能力，为学员们建起了一道健康的“防护墙”。

（四）开设体验课程，拓宽收入来源

“阳光工坊”与嘉定区司法局合作开展“携手非遗 与法同行”法治教育活动，提升法治教育在残疾人中的普及度，利用法治宣传的产品让法治文化在大众中全面普及；面向公众开放非遗体验活动，吸引了本区乃至本市的青少年和亲子家庭体验非遗技能，感受非遗文化。在互动体验之前，工作人员向参加体验活动的各位体验者详细解读传承内容的基本知识、来龙去脉，示范操作有关流程和制作技巧，展示了工坊展厅内的不少作品，赞叹声不绝于耳。在徐行草编非遗传承人王勤等多位教师的悉心指导下，参加体验活动的人员用压一挑一的方法，一圈圈地编织，凭借灵巧的双手编织出属于自己的精美草编作品。在嘉定竹刻会场上，刀尖游走于竹片上，“阳光工坊”的匠人们帮助青少年掌握竹刻技巧，培养耐心，在竹片上刻画出了精致的文字。“留青竹刻”的一刀一刻、“嘉定黄草”的来回穿梭，分别赋予竹子、黄草这两种最普通的植物以鲜活的生命，青少年和亲子家庭在融传承性、互动性和普法性为一体的项目体验中，充分感受了技能传承和非遗文化的独特魅力，共同见证了手工艺的精彩神韵。我们期待着更多的人能了解这些非遗技能，让这些彰显中国传统之美的手工艺得以流传下去，让非遗在新时代绽放更加迷人的光彩。

（五）召开家属委员会会议，促进家坊交流

为加强“阳光工坊”与学员家属之间的交流互动，在端午节来临之际，徐行服务社组织召开了“我们在一起”上半年家属委员会会议，共有20余名学员及其家属参加。首先，项目负责人通过PPT演示向各位学员及其家属介绍了上半年“阳光工坊”项目的运作情况和学员的学习情况，家属可以更直观地了解学员在“阳光工坊”中的学习情况以及文化活动的开展情况。为调动家属参与的积极性，徐行服务社采用与以往不同的交流方式，社会工作者为学员及其家属准备了材料，亲子一起动手制作香囊。通过共同努力，最终制作出一件件精致美观的香囊。下半年，徐行服务社则借中秋佳节之际举行了1次学员家属委员会活动，恰逢“阳光工坊”与“京东商城”合作正式开启网络销售平台，“阳光工坊”也借此契机开展了“爱在行动——中秋义卖活动”。徐行服务社邀请一些学员及其家属一起参与义卖活动，增强了他们的自豪感和获得感。

（六）创新研发新品，增强品牌赋能

为适应和满足市场需求，提高非遗产品的竞争力，上海市嘉定区残疾人联合会与上海佰事荣文化传播有限公司合作开展“阳光工坊”产品研发设计并开辟销售渠道。2019年12月3日是第27个“国际残疾人日”，在上海市嘉定区残疾人联合会成立30周年文艺展演中，“阳光工坊”学员为大家带来了一场精彩纷呈的“阳光工坊”2019年度新品发布秀。此次展示的是2019年草编春夏新品系列，分别为“花园漫步”“简素生活家”“孤独家的异想世界”“通勤路上”“几何趣味”“迷你诱惑”等系列，共36件新品。一件件精美的艺术品让大家置身于艺术的海洋之中，与会领导和观众享受了一场视觉文化“盛宴”。“阳光工坊”非遗手工艺秒杀活动也在当天正式开启，由区政协副主席陈宾、京东华东区副总经理彭程和残疾手工艺者共同启动京东公益秒杀活动。此次秒杀的作品来自竹刻学员设计制作的竹刻车挂件，以此进一步提升“阳光工坊”的社会关注度与影响力。在新品展示环节，学员们担任走秀模特，在舞台上展出了风采，走出了自信，更表现了精益求精、自强不息的工匠精神，赢得了阵阵掌声。

（七）加强志愿服务，发挥资源优势

在前期项目运作的基础上，徐行服务社逐步建立了一支20名志愿者队伍，包括学员家属、毕业学员和其他爱心人士，并与嘉定区7家企事业单位携手建立了长期合作关系。为了调动和发挥志愿者们参与“阳光工坊”志愿服务的积极性，建立一支相对稳定的有爱心、素质优、靠得住、有保障的残疾人志愿者队伍，提高服务残疾人的质量和水平，徐行服务社建立健全招募和管理制度，定期开展志愿者培训，从志愿者精神和志愿服务礼仪、大型志愿者活动行为规范、志愿服务案例等方面让志愿者们明白了什么是志愿者、为什么要做志愿者、做一个合格的志愿者需要具备哪些基本条件，进一步明确和坚定志愿者的服务动机和服务意愿，让志愿者们增长了见识，明确了职责，懂得了技巧，坚定了信心。徐行服务社还动员志愿者们参与工坊内的活动类的志愿者服务，让志愿者们既见证学员的成长和改变，也更好地宣传项目，推广品牌，形成传播合力，发掘潜在资源。

四、项目评析

（一）需求评估分析与方案策划分析

1. 需求评估分析

精准把握项目需求是取得残疾人社会服务成效的基础，也是使残疾人助残项目设计具有针对性、有效性的关键要素，同时能够达到节约资源、提升效率的目标。从需求评估来看，该项目结构较为完整，内容较为丰富，分析较为充分，对“阳光工坊”学员的现状描述较为清晰。该项目运作至今，学员相对较为稳定，徐行服务社工作人员、带教老师了解和掌握了学员的基本情况与学习能力，也经常与学员家属沟通，反馈学员在工坊内的技能学习和人际交往情况。但徐行服务社没有开展过规范性、完整性的需求调研，难以全面反映学员培训的需求和面临的问题。持续性培训是“阳光工坊”项目的核心内容，培训需求分析是项目设计的首要与必经环节，需要对徐行服务社和学员的培训态度、培训知识、培训技能、培训方法、培训目标、培训资源等方面进行综合分析和重新定义，确定现有状况与期望目标之间的差距，为培训设计提供相应的依据。

2. 方案策划分析

周密、严谨的项目设计是项目成功的关键要素，包括项目目标的设定、服务内容的策划和预期成效的研判，形成逻辑框架。该项目具有一定的针对性和操作性，也体现了一定的理念和方法。但从目标设定的准则来看，该项目还需体现 SMART 原则，使后期的项目执行与管理、自评与第三方评估更加规范化、科学化，如可以将月、季度或半年作为度量单位，初步估算非遗培训的数量或规模。同时，项目内容之间要保持一定的逻辑关联，并对内容进行分层，充分体现方案策划思维和实施过程的严谨性。

（二）实施过程分析与服务效果分析

1. 实施过程分析

（1）实施团队。徐行服务社建立了专门的项目团队，共有 7 名成员，其中 1 名为项目负责人、4 名为黄草编织和竹刻老师，1 名项目工作人员具有助理医师资质，持证比例不高。为提高项目人员的服务能力和运作水平，徐行服务社制定了培训方案，但培训内容的针对性和实操性还需加强，切实提高培训的实效性和指导性。为加强团队管理，徐行服务社制定了岗位说明书，明确了各自的职责分工，并签订责任书，强化责任意识，注重团队合作。志愿者是徐行服务社的重要伙伴。为充分发挥志愿者在助残服务中的积极作用，徐行服务社完善了志愿者招募管理的制度文本，开展了相应的培训，但志愿者的人数相对稳定，参与项目活动的人次较有限，“休眠”志愿者数量较多。为此，徐行服务社还需拓宽志愿者招募的途径，不断完善志愿者人员结构，尤其是发掘和培养一定数量的骨干志愿者，激发志愿者参与项目活动的热情与活力。

(2) 项目管理。徐行服务社运作该项目多年，具有丰富的项目经验和资源优势。作为一家3A级的社会组织，该服务社的组织架构清晰，各项制度健全，内部管理规范，为项目的顺利实施提供了较扎实的运营与管理基础。在工坊日常管理方面，徐行服务社强化与工坊学员、带教老师、学员家属之间的沟通，及时做好信息反馈，充分发挥了枢纽作用。同时，为了丰富学员们的精神文化生活和增加学员间的情感联系，徐行服务社根据学员们的心理特点和社会需求，从医疗、心理、教育、职业、社会等方面组织策划了一系列活动，如技能比赛、运动会、外出踏青、养生讲座和家属委员会活动等，让工坊学员在学习和传承非遗的同时，充分感受到工坊家人般的关心与温暖。徐行服务社还在每次活动前制定风险防控方案，在活动过程中充分保障学员的安全与健康。从活动方式来看，徐行服务社能运用社会工作的微观、中观和宏观的方式，遵循社会工作价值观和伦理守则，充分接纳、尊重、鼓励、关爱学员，践行助人自助的理念，助力残疾人增能与康复，促进其社会生活正常化。从活动过程来看，徐行服务社对照策划方案，根据学员学习能力和精神状态，与带教老师及时沟通，适时调整培训内容和学习进度，但过程记录不完整，专业反思稍显不足。

2. 服务效果分析

(1) 目标实现程度。① 学员成长。比对方案策划和实施过程，该项目在服务区域、服务人数、服务次数、服务内容方面均已达标，过程目标、量化目标基本实现，周期内共有29名全日制学员全程学习了黄草编织和竹刻。截至2018年年底，该项目共培训全日制残疾学员85名，为13名精神障碍患者学员提供了就业岗位，辐射培训学员268名，共有15名学员通过2年的培训能独立完成作品，予以毕业。其中，6名学员进入指定工作场所工作、2名学员在家制作手工艺品、6名优秀学员继续留在门店工作，作为非遗候选人继续学习深造。在上海市嘉定区残疾人联合会的扶持和帮助下，2名学员还成立了自己的工作室。徐行服务社通过社会化助残项目的实施，不仅使残疾人学到了谋生的技能，也使部分残疾人实现了体面就业，回归了社会，增加了收入，改善了生活，学员们在学习技能的过程中获得成长与蜕变。同时，“阳光工坊”为学员们搭建了接近梦想、实现梦想的平台。他们既能展示自己的才能，又能愉快地融入社会大家庭，体现自身尊严与社会价值。更重要的是，他们通过“阳光工坊”项目把非遗技能转化为就业收益，实现了家庭增能。草编学员沈慧竹还受邀参加了日本国民文化节“奈良 2017 及日本全国残疾人士艺术文化节奈良大会”，讲述了自己与黄草结缘后发生的人生蜕变，主持人和现场观众深受感动，了解到了中国传统手工艺——黄草编织，并进行现场制作展示，受到了日本当地媒体与民众的高度关注。② 销售收入。为了使非遗手工艺品制作者紧跟时代步伐，把握市场潮流，不断推陈出新，“阳光工坊”还与上海工艺美术职业学院合作，将现代美术与传统竹刻工艺相结合起来，制作出具有时尚现代元素的传统手工艺作品。“阳光工坊”还与上海城市超市合作，建立起线下产供销网络，保证作品销售渠道的畅通，以打造出属于“阳光工坊”的残疾人艺术品牌；同时与“彩绘人生”自强屋合作，搭建残疾人手工艺品网络销售平台。在上海佰事荣文化传播有限公司的策划与帮助下，“阳光工坊”与京东商城联合策划了京东秒杀、京东众筹、手工艺品拍卖等活动，筹到善款 6 万余元，草编作品还参加了国际展览，接到订单 200 件。不仅如此，上海市嘉定区残疾人联合会还为“阳光工坊”学员们“量身定制”了慈善拍卖会，学员们精心雕刻的 25 件竹刻作品经过拍卖都获得了不菲的收入，拍卖价格从 800 元到 3 000 元不等，拍卖所得资金全部作为学员们的劳动所得。

(2) 综合效能。2018 年，“阳光工坊”受到上海市人力资源和社会保障局的邀请，参加了第 45 届世界技能大赛全国选拔赛之上海赛区的比赛，嘉定残疾手工艺人“萦绕指尖”的黄草编织和“以刀代笔”的竹刻技能惊艳亮相，世界技能组织主席西蒙·巴特利(Simon Batley)和中华人民共和国人力资源和社会保障部职业能力建设司时任司长张立新高度赞扬了传承地方特色文化和残疾人就业相结合的模式，“阳光工坊”的社会影响力和品牌力进一步增强，多次接待了国家、市、区等级别的领导参观，《解放日报》、嘉定电视台、天津卫视等多家媒体进行了报道，影响力和传播力持续提升。“阳光工坊”在嘉定区政府、区残联、京东集团的鼎力支持下，自 2016 年起正式入驻“京东商城”并且开辟了绿色通道。通过网络平台，“阳光工坊”可以快速、清晰地展示手工艺品、推介手工艺人，让社会大众看到残疾人的优秀技能与创新潜能，并能逐步促进残疾人就业，增进残疾人福祉。

（三）项目发展建议

1. 分类培训，精准赋能

“阳光工坊”内的 29 名全日制学员，残疾类型不同，学习能力也有差异。这直接反映在学习进度和培训结果上，有些学员需要较长的学习周期，个别学员则能较早毕业，获得支持性就业机会。因此，建议徐行服务社运用中国残疾人职业适应性测评系统对已有的残疾学员进行能力评估，对他们的知识水平、自身能力与技能、心智活动、职业兴趣倾向、人格特征和发展潜力等进行综合分析、测量和判断，以评估其实际能力和发展途径，分析其职业技能培训的方向，为其提供职业培训选择的手段与方法。依据残疾人职业能力评估的结果，徐行服务社可分类分层开展培训，并以一年为周期进行培训考核鉴定，划分成不同等级，如入门级、初阶进修、见习初级、助理初级、中阶进修、见习中级、中级工、高阶进修、见习高级、高级工，让学员和家属明确每一年培训的目标和任务。带教老师也能够根据学员的特点和培训的重点因材施教，精准培训，开发潜能，激发动力，帮助就业年龄段残疾人掌握一技之长，增强就业能力。同时，徐行服务社在做每一期需求分析和方案策划时也可细化培训目标和成效指标，使其目标任务化，再提炼其中的变量，以便在后期总结成效。如有可能，徐行服务社也可与带教老师研发培训大纲和教案，使非遗培训朝着更加科学化、标准化的方向迈进，对促进残疾人就业康复具有重要意义。

2. 融合创新，破圈营销

在这个“注意力经济”的时代，能够吸引消费者是最重要的。消费者的消费观正从原来的产品观更多地偏向情感与精神价值的消费，消费呈现出升级与分级的特点。这就要求徐行服务社在追求企业品牌的商业价值的同时，更加注重社会价值的表达。其中，公益营销自然是品牌采取的最直观的社会价值表达方式。公益营销有别于其他营销方式，有着天然的受众广、接受度高、共鸣感强等优势。一个个感人肺腑、荡气回肠的故事在无形之中拉近了品牌与消费者之间的距离，让更多的人感知到中国人格物致知的精神，让手工艺人的严谨认真、勤奋刻苦、一丝不苟、精益求精的精神得到很好的传承，也让大家更好地认识且有机会学习到这种匠人精神，好感度也就由此提升。非遗作为中国传统文化的典型代表，在当下缺少形式上的创新和流量的倾斜曝光，与品牌的合作能够让更多的人以更便捷的途径和多元化的形式去了解并参与到非遗文化中。同时，对于品牌来说，非遗文化中镌刻的文化属性也能丰富品牌自身的内涵，树立品牌正向形象。黄草编织和竹刻品牌自 2016 年成功入驻京东商城以来，打通了“电商＋非遗＋扶贫”一体化路径，推动了非遗事业的传承与发展。但从目前销售情况来看，它们还具有较大的提升空间与潜力，核心就是要进行产品的深度设计与开发，让更多非遗项目能够被更多的人了解和触及。徐行服务社可在带教老师或专职设计师设计之前，面向辖区内的高校学生、社区居民或者州桥老街的游客开展市场调研，了解公众对嘉定非遗的认知度和产品偏好度，更好地明确非遗产品设计定位和市场需求，精准定位人群和消费对象。在新时代文旅融合背景下，非遗产品要走向市场，就要对包装进行合理设计。很多产品一般是通过消费者视觉反应来刺激消费的，视觉包装非常漂亮的产品，会吸引消费者的注意力，引起其购买的欲望，从而产生购买行为，比如在造型、文字、色彩等方面，都可以使用包装平面设计手段达到宣传商品的目的。多样化的产品供应，使传统文化产品的输出更具生命力，与时代精神的弘扬、多元文化的追求合拍，也使非遗产品颜值与内涵兼得，既延续传统，又融合创新，幻化出“七十二变”。非遗产品要结合现代信息技术，采取多样化、个性化的传播手段，实现传播“破圈”效应的最大化。

3. 瞄准需求，增能支持

残疾人社会工作的根本目的是恢复和增强残疾人的社会功能，帮助其适应社会、融入社会，促进其社会生活正常化。非遗技能培训就是增强残疾人社会功能的路径和手段，帮助他们适应环境，走上自强自立之路，迎接美好人生。“阳光工坊”内的社会工作者不仅负责项目的日常运营与管理，开展精神文化活动，而且要根据学员特点与培训需求，充分发挥专业所长，链接社会资源，运用个案管理、小组工作和社区教育等整合性的策略来推动系统性、专业性残疾人工作。一是针对有特殊需求的学员，徐行服务社要进行动态化评估，及时了解学员的情绪反应和学习表现，从带教老师、其他学员和家属那里收集和掌握各方面的情况，以便有针对性地开展相应的情绪抚慰和心理关爱，及时给予接纳、尊重与鼓励，缓解学习带来的压力与挫折。非遗技能学习是一个长期的过程，学员们需要更多的耐心、恒心与毅力。同时，徐行服务社也要对已经毕业和成立工作室的学员进行跟踪指导，了解他们就业后的相关情况，给予相应的关心与支持。适时开展“回娘家”的主题性活动，搭建新老学员交流互动、切磋技艺、传帮带结对的平台，既提升老学员的成就感，也激发新学员的内生力。二是对学员中或者家属中面临相同需求的对象，在调研的基础上设计主题性的小组内容（而不是小组活动），既可以为小组成员增加分享经验的机会，更重要的是可以减少个体的无助感和受挫感，促进小组成员之间的互助关爱与情感支持，增加团队的凝聚力与向心力，共同探讨和解决问题。社会工作者通过“抱团”模式将有不同优势的学员组合在一起，避免了个体无法独立完成某一项培训任务的问题。三是社会工作者不仅要把工坊看作一个培训基地，而且要把它看作微型的功能性社区，徐行服务社可以以基地为桥梁，以非遗为媒介，联合周边的商铺和社区开展社区教育工作。社会工作者定期组织策划相应的主题，让非遗进社区、进企业、进学校，开展“家门口的非遗”宣讲和体验活动，让非遗回归其孕育发展的社区，回归当地民众生活，促进公众学习非遗文化，体验非遗技艺，让公众更多地了解非遗、接触非遗，营造浓厚的非遗保护和传承氛围，进一步培育非遗在城乡社区环境中传承发展的土壤,探索在城市中传承非遗的有效方式,维护和营造非遗传承发展的良好环境。充分发挥非遗在加强城乡社区治理、增强城乡社区凝聚力、维系邻里和睦关系方面的重要作用,推动形成保护和传承非遗的浓厚氛围,提高城乡社区居民身份认同感,赓续城市历史文脉。

本章小结

该项目是以残疾人就业面临的实际需求和问题为切入点策划和运营的社会工作服务项目。该项目以本地的两项非遗文化为技术支撑,通过传帮带和进行系统性的学习培训,帮助残疾人掌握就业技能,提升就业信心,传承非遗文化,增强文化自信。同时,徐行服务社还拓展销售渠道,既充分展示了残疾人的就业能力,也持续增加了残疾人的收入,使残疾人的生活质量得到了极大的改善。在今后的项目实施和管理中,社会工作者还应对现有的学员进行能力测评,以此为基础分类分层培训,精准赋能。同时,社会工作者也要突破现有的营销困局,学习和培养创新思维,链接和建立残疾人文创产品协调发展联盟,探索适合本地残疾人的文创产品销售模式,促进残疾人就业康复项目高质量、融合性发展。

思考题

1. 在策划残疾人就业社会工作服务项目之前要做好哪些准备工作,在实施项目过程中要注意哪些问题?
2. 你认为残疾人就业困难有哪些具体原因,如何为回应残疾人就业需求链接社会资源?
3. 请你结合当地残疾人就业面临的实际问题,设计一个既有本地特色又能带动残疾人就业的社会工作项目。

第八章　阳光艺术团残疾人社会工作项目

一、项目概述

（一）基本情况

文化是一个国家、一个民族的灵魂。习近平总书记指出："文运同国运相牵，文脉同国脉相连。"文化自信是一个国家、一个民族发展中更基本、更深沉、更持久的力量。残疾人在发展社会主义先进文化的过程中发挥着特殊作用。上海市嘉定区残疾人联合会是全国公益助残示范点之一，多年来一直积极探索和实践助残社会化工作，尝试将政府部分职能向社会公益事业转变，深入推行政府购买助残服务，围绕残疾人的生理、心理、社会等方面需求提供服务。成立于2013年的上海嘉定区自强艺术团（以下简称"阳光艺术团"）坚持"运用社会工作理念、挖掘残疾人潜力、发展残疾人艺术"的宗旨，以推动残疾人艺术发展人性化、规范化、专业化为使命，于2014年开始承接阳光艺术团残疾人社会工作项目。

（二）需求评估

残疾人虽然身有残疾，却同样有着对美的欣赏以及对艺术的追求。艺术素养的培养对残疾人来说具有极为重要的作用。阳光艺术团残疾人社会工作项目旨在培养和提高残疾人对艺术的感知，社会工作者通过专业的社会工作服务，促使残疾人提升个人能力、增强自信心，更好地参与社会活动、社区活动。

1. 艺术表达的需求

配备专业师资，学习基本乐理知识，并熟练掌握一门乐器。

2. 身体康复的需求

有的残疾人因意外造成残障，心理上不愿接受事实，未得到及时的康复训练，身体活动能力越来越弱。

3. 社会融入的需求

残疾人的社会性支持往往较少，帮助他们建构支持网络就显得格外重要。这些网络包括残疾人之间的互助支持系统、亲朋好友之间的情感支持系统、社区邻里和志愿者等力量的支持系统，以及镇（街道）及以上残联组织、医院、康复中心等正式支持系统。这些支持网络能够促进残疾人适应社区和社会环境，推动他们的社会参与。

4. 自我实现的需求

残疾人最需要的不是同情，而是平等；不是施舍，而是机会。因此，社会工作者要通过培训，帮助残疾人提升艺术素养，使他们享有参与艺术培训和展示的平等机会。

二、项目策划

（一）项目目标

1. 总目标

运用社会工作的理念和方法，回应残疾人的实际需求，培养积极乐观的心态，搭建人际交往的平台，提升艺术素养，改善社会生活质量，更好地融入社会。

2. 具体目标

(1) 短期目标：残疾人个人能力提升。通过基础性的艺术课程培训，鼓励残疾人走出家庭，融入同辈群体中，以丰富自己的文化生活，提高社交能力和艺术修养。

(2) 中期目标：阳光艺术团有序运作。招募一批爱好文化艺术的活跃分子，作为阳光艺术团的核心成员，并为他们提供交流和展示的平台，在此过程中培养艺术团成员自助和互助能力，激发他们自我管理、自我服务的潜能，增强他们对阳光艺术团的认同感和归属感。

(3) 长远目标：社会融入。通过参与阳光艺术团举办的各类文艺演出活动，充分展示残疾人的精神风貌和自强不息的精神；组织开展各类宣传倡导活动，提高社会大众对残疾人的关注度和认知度，进而推动残疾人友好社区建设。

（二）介入方案

1. 个案工作

阳光艺术团针对有特殊需求的残疾人，采用个案工作方法，缓解他们的负面情绪和精神压力，帮助他们培养自信心，从环境中获得资源的滋养，协助他们消除个人发展障碍，推动他们改变自我，与环境达到适应性的平衡。

2. 团体艺术培训

阳光艺术团根据残疾人的艺术兴趣和学习能力，开展常规性的器乐培训和合唱训练；抓住各类登台演出机会，阶段性地展示阳光艺术团成员培训成果和演出水平；加强艺术团内部管理，建立健全各类管理制度，促进艺术团自主发展。

3. 社会倡导服务

阳光艺术团充分利用机构内外的宣传展示平台和媒体资源开展各类宣传倡导活动，并对现有的经验和服务进行总结提炼，包括典型个案、集体培训以及排练、机构管理等方面，在残疾人中传播正能量，展示机构公众形象。

三、项目实施

（一）个案工作

案例一：

案主正处于花一样的年龄阶段，本来拥有自己的梦想，拥有自己的生活圈子，拥有大好前程，但是一天早上醒来，她突然发现自己的下半身毫无知觉，努力想站起来，却无力地跌坐在地上，从此再也没有站起来过。后来，医生说她患的是脊髓炎，且无力回转。她一度封闭自己的内心，拒绝与外人接触，从一个乐观向上、热情开朗的少女变成一个沉默寡言、不愿意走出家门的“孤独少女”。

社会工作者采用个案管理的方式，解决服务对象面临的多重问题，帮助她解除困惑：一是鼓励案主走出家门、打开心扉，参加一些社会活动和康复训练；二是以案主的唱歌兴趣为切入点，让她学会了一门技艺，交到了几个要好的朋友，扩展了交际圈，增强了自信心和自我认同感；三是组织捐车活动，案主得到了爱心企业的捐赠，方便了独自出行。

案例二：

脑性瘫痪是指先天性运动功能障碍和姿势异常临床综合征，主要表现为中枢性运动障碍和姿势异常。案主小朱，女，30 岁，未婚，中专文化程度。在项目实践中，社会工作者接触案主后，了解到其因早产而脑瘫，右腿严重萎缩，头经常不自主地转动，大脑反应较慢，无法长时间独立行走，手指不灵活，身体机能和抵抗力越来越差。社会工作者通过查阅文献了解到，电吹管有助于缓解案主的症状。每一次练习，社会工作者都陪同案主由浅入深去努力，增加其手指的灵活度。经过耐心、反复训练，案主用了一个月时间便掌握了演奏技巧，在较短时间内学会了吹奏《天之大》，并登台表演，这让她很有成就感。

（二）小组工作：男声成长小组

这是一支由 13 个患不同程度残疾的人组成的合唱团。团队中的每个人都有自己的故事。有些是因为意外、工伤致残，有些是先天性的疾病致残。他们有自己的音乐梦想，借着阳光艺术团的平台聚在了一起。

就整体而言，本小组与一般意义上的小组工作有所不同，服务周期长达 4 年（从 2014 年组建，一直到 2017 年），经历了小组整个生命周期。社会工作者在关键时刻主动作为，将合唱团成员紧紧团结在一起，顺利度过了迷茫期,增强了小组凝聚力。

第一阶段:建立关系,认定成员资格。

2014 年,阳光艺术团项目正式开始运行,社会工作者和声乐老师满怀期待地打开了排练厅的大门,里面坐着 15 名残疾人,他们中有视障人员,也有肢体残疾人员。社会工作者对初成立的“男声小组唱”所持的态度是业余团队自娱自乐的梦想平台,只要有歌唱梦想就可以来参加,只想通过艺术团,搭建一个相互交流的平台,没想过要带领这支队伍去参加任何奖项的角逐。

经过 1 年的时间,小组成员不断磨合和调整,团队的建立初步完成。凭借演出的机会,成员们的合作力和凝聚力更强了,这让社会工作者无比欣喜,也让社会工作者看到了这支队伍的潜能。此时,社会工作者的内心对团队是充满希望的。社会工作者希望通过彼此交流和集体培训,带领团队走得更远。

现实总没有想象得那般顺利,后来团队中又出现了松懈的现象。部分成员认为,自己需要的是演出而非平时的排练,因此请假不出席,这一情况困扰着社会工作者。通过认真分析,社会工作者发现维系团队日常管理的是演出的激励、老师的管制。起初成员们是出于兴趣来参加活动的,由于团队疏于常规管理,内部出现了松懈的状况,因此加强内部管理迫在眉睫。

恰逢此时,社会工作者接到通知,推荐“男声小组唱”参加 2015 年度上海市残疾人艺术会演,这对于“男声小组唱”而言是个好机会,可以提升成员们的信心,进一步增强团队的凝聚力。于是社会工作者对成员们提出了新要求,确定了 1 名队长,并由队长负责队员们的考勤评估。鉴于成员们情况各异,社会工作者让队长与成员们沟通联络,讨论排练时间、排练进度以及专业知识等事宜。有了目标之后,成员们的积极性也随之大幅提升,练习也更加认真。可以说,通过重建团队关系和重设管理策略,成员们开始拧成一股绳,配合默契,排练活动的参与率明显提高,成员们的心凝聚到了一起,彼此的声音被听到,个人更有了归属感。

第二阶段：激发团队抗逆力。

随着比赛落下帷幕，团队迎来了另一个大的挑战——成员的迷茫期或者说衰退期。经历过市级的比赛之后，团队成员的心态发生了很大的变化。很多成员认为，业余水平能够参加市级的比赛还得奖，开始沾沾自喜起来，同时也有成员因为身体状况以及工作调动逐渐萌生了退意。这时候，成员们对于活动的积极性明显下降，常常找各种理由不参加小组活动，这让社会工作者很着急。

比赛过后，成员面临的是自己心态的转变，每个人加入项目的初衷是兴趣，而目标却各不相同，至于大赛的来临则既是机遇也是挑战。社会工作者与所有成员进行了一次开诚布公的谈话，想了解一下本阶段成员的真实想法，希望成员们能够理清自己的思路，知道自己想要什么。

在经过详谈之后，原本 15 人的团队只有 10 人继续参加，另有 5 人决定退出，社会工作者也尊重他们的个人意愿。但社会工作者不得不面临的实际问题就是团队成员少了三分之一。该如何进行合唱任务的分配，又该如何继续这个项目，这也成为困扰社会工作者的突出问题。

第三阶段：扩大社会影响。

经过一年半的系统训练，以及镇（街道）级、区级和市级的演出，团队可以独立上台表演了，并且走过迷茫期的他们，彼此更团结了。经历了团队低谷的 10 名老成员重新出发。此时，团队也迎来了 3 名新成员的加入，社会工作者希望团队成员能够重新认识自己的角色及价值。在新成员加入的第一次活动之后，社会工作者与所有成员在一起开了一次小型座谈会，将多年来项目的变化做了一次梳理，也希望成员们能够分享自己在项目实施过程中的收获。经过本次会谈，新成员快速融入了团队，大家达成了新的共识：团队不只是单纯的演出团体，在生活中更要像家人一样彼此关心。

（三）组织各类文艺培训

1. 声乐培训

声乐培训包括“男生小组唱”和为声乐爱好者组织的“小班化声乐”培

训。2018年,在半年的时间里,男声团队学习了两首新的合唱歌曲《青春纪念手册》和《奉献》。《青春纪念手册》是助残周活动表演项目,男声合唱为这首流行歌曲注入了新的内涵,获得了观众的好评。阳光艺术团还带领团队参加了上海市举办的上海市民阿卡贝拉音乐大赛,获得了特别奖。

2. 戏曲联唱

经过2年的酝酿和打磨,戏曲沙龙已基本上形成了自主管理的模式,且成员会与社区的其他文艺团体切磋技艺,不仅在古猗园共同开展戏曲活动,而且主动走进社区文艺团队,展开专业指导。

3. 故事汇

故事汇项目的创建有几个年头了,经过对前几年的项目总结和反思,阳光艺术团精减了服务对象人数。阳光艺术团针对3名盲童进行课程培训,为他们提供发声的平台,充分展现残疾人的语言风采。在助残周活动中,由盲童亲自讲述《忙人潘慧强》的故事,获得了广大观众的好评。

4. 主持人

子项目主持人的培养是为文艺演出做准备。主持人的培养模式,从过去以老师为主导的授课模式,变为关注服务对象自身能力的培养模式。经过几年的发展,服务对象已能够独立应对多种场合的主持,从主持稿的撰写、修改到自主练习,都能很好地应对。

5. 创作节目

2018年12月,为庆祝上海市嘉定区残疾人联合会成立30周年,阳光艺术团根据残联发展历程进行了节目创作。在半年时间内,阳光艺术团完成了系列作品,包括快板《不忘初心再奋起》、歌伴舞《最初的相遇》和原创歌曲《奏响生命阳光》。

6. 组织文艺演出

一直以来,文艺演出是项目的重要组成部分,也是项目的重要成果之一。为了给广大残疾人搭建演出平台,社会工作者积极链接各方资源。一方面,以文艺演出为媒介,不断提高服务对象的积极性,增强服务对象的归属感；另一方面，针对多样化的演出需求，量身打造节目清单，既可提供精准服务，又可扩大对团队的宣传。

（四）艺术团自治

阳光艺术团固定成员发展较为迅速，从最初 6 名发展到 2019 年的 50 名，并拥有了固定的活动场地。阳光艺术团如何更好地自治是一个值得探索的重要问题。为了提升阳光艺术团的自治能力，社会工作者运用地区发展模式，策划了“沟通你我，共建艺术社区”活动。

1. 组建骨干志愿者团队

发挥社会工作者在艺术团中的核心作用，招募和组建骨干团队。骨干成员作为社区居民与艺术团之间沟通的桥梁，不仅能够反映居民的意见，协助活动开展，同时也能从居民角度提供专业意见。骨干成员由居民自主推选，承担着居民骨干的责任和角色，本身就代表了志愿者的群众号召力和影响力，个人能力也得到群众认可。

2. 加强志愿者管理

社会工作者联系嘉定区 12 个镇(街道)的骨干志愿者开展赋能建设培训和工作例会，及时掌握志愿者的思想动态和服务情况，并给予肯定和鼓励。同时，社会工作者邀请具有一定行政管理经验的骨干志愿者分享服务经验，增进彼此间的交流，切实提高服务能力。

3. 举办各类艺术活动

在社会工作者的引导和带动下，志愿者的积极性被充分调动起来。举例来讲，由 13 人组成的“男声小组唱”，最初的表演主要集中在嘉定区各个街镇。每一台社区晚会，志愿者们都全身心投入，按照分工安排，通力协作，保障演出顺利进行。艺术团的足迹，不局限于嘉定全区，也到了江苏花桥，乃至山东，“男声小组唱”参加了第九届全国残疾人艺术会演。从嘉定到江苏，从上海到山东，每一次登台演出，都离不开艺术团志愿者们的倾情付出。随着演出活动的增多，演出舞台的档次不断提升，团队的影响力也逐步提高，社会工作者在这个时候顺势而为，充分放权给团队，让其主动承接社区的演出邀请。

案例：合唱小组自主运作

“男声小组唱”成立几年来，其向心力和凝聚力不断增强。阳光艺术团支持合唱小组进行自我管理、自我教育和自我服务，由每个声部队长管理团队，而助教老师管理各声部队长，形成了条理清晰的管理架构。每个人在团队中的角色分工明确，并且主动承担了管理者的很多任务，能够快速、高效地完成团队的整体排练任务。在参加大赛和外出演出的时候，成员们互相帮助，克服生活上和外出演出中的不便，“家人们”的感情越来越深厚。对于不积极参与活动的成员，团队中的其他成员会自发、自主地进行管理和纠正。

案例：萨克斯乐队自主运作

经过几年的项目运作，萨克斯乐队已经成为一个非常成熟的自治团队。社会工作者的工作内容是为团队进行资源链接，借由阳光艺术团这个平台，将萨克斯乐队推到更宽广的舞台上。阳光艺术团和上海音乐学院教授进行合作，为乐队创造机会，继续深度学习古典萨克斯。

2018 年，阳光艺术团还借助狮子会①的力量，在南翔举办了萨克斯音乐会。这其实对萨克斯乐队成员提出了更高的要求，需要每个人都能够成为独当一面的萨克斯演员。此时恰逢助残周的系列演出活动，成员们的排练时间更为紧张。为了节省时间，大家回家后默默背谱，利用课上的全部时间进行训练，终于在 6 月为当地人送上了一场精彩的萨克斯音乐盛典，这也是团队成员一直以来想圆的音乐会梦想。

（五）提高社会影响力

项目的宣传平台既有机构的微信公众号，又有上海市嘉定区残疾人联合会、马陆镇社会组织服务中心、狮子会的微信平台，以及“爱在阳光下”残疾人广播专栏、阿基米德和东方网等平台。目前，团队参加的活动和获得的

① 中国狮子联会成立于 2005 年 6 月 14 日，业务主管单位为中国残疾人联合会，借鉴国际狮子会运营模式，服务范围遍及助残、扶贫、赈灾、助学、敬老、公共卫生、文化传播等各个领域，目前在全国多个城市设立了代表处。

比较有影响力的荣誉如下：

2014 年 5 月，参加上海市民文化艺术节演奏大赛，获“百支优秀乐队”称号。

2014 年 7 月，参加上海市残疾人艺术会演，原创器乐合奏曲目《疁城寻梦》获器乐组二等奖，“男声小组唱”表演的《菩提树》（无伴奏）获声乐组一等奖。

2014 年 11 月，器乐合奏《疁城寻梦》参加了嘉定区“我的舞台我的梦”创作大赛。

2015 年 7 月，参加上海市残疾人艺术会演，方言小品《阿彪相亲》获小品组二等奖。

2015 年 9 月，萨克斯四重奏《蓝色探戈》参加了 2015 年“乐在其中”嘉定区才艺大赛。

2015 年 9 月，团员潘慧强参加了 2015 年“想唱就唱”嘉定区歌手大赛残疾人专场，获得了第一名；同年 10 月，参加 2015 年“想唱就唱”嘉定区歌手大赛获得前二十强。

2016 年，艺术团萨克斯乐队四名演员考入贵州盛华职业技术学院流行音乐系学习。

2017 年 8 月，艺术团“男声小组唱”代表上海参加了第九届全国残疾人艺术会演，获得声乐类一等奖；12 月，前往北京参加了中国残联举办的国际残疾人日主题活动。

2018 年 6 月，参加了上海市举办的上海市民阿卡贝拉音乐大赛，获得特别奖。

四、项目评析

（一）需求评估分析与方案策划分析

1. 需求评估分析

社会工作者通过前期与服务对象的沟通并上门探访，收集服务对象的基本信息和需求情况，多方了解服务对象存在问题的成因、程度及影响，了解服务对象个人的生活经历和行为特征，包括其人格特征、能力、优势和弱点。比如，社会工作者在前期调研时，接触到一个患有脑瘫疾病的服务对象。通过查阅文献资料，社会工作者发现鼓乐这种节奏感强、声音清脆的打击乐对脑瘫患者的大脑皮质兴奋性、刺激性较强，能起到“大脑体操”的训练作用。因此，在指导老师的建议下，社会工作者及时与服务对象沟通，决定通过电吹管这一乐器来帮助他们进行康复训练。

小组工作成功与否同组员的招募和选择情况好坏息息相关。进入艺术团的成员需要具备多个条件：一是选愿意参加小组活动培训的成员，即有需求。二是选那些能与社会工作者建立良好关系，或者已有较好专业基础的人群，即有基础。不过根据社会工作者的回忆，在组员招募初期，即便有良好专业基础的服务对象，在真正决定参加此项目时也表现出犹豫不决，有的不自信，有的认为浪费资源，还有的不太认同。

在项目活动实施过程中，社会工作者曾尝试过举行“串门”主题活动，现场效果超出预期。在项目调研中，阳光艺术团发现其成员对团体活动有很大的兴趣。为此，社会工作者有了一个大胆的设想，将艺术团看作一个虚拟社区，采用地区发展模式，发现艺术团成员的骨干力量，建立骨干团队，链接各方资源，通过自助互助，促进艺术团成员成长。

2. 方案策划分析

阳光艺术团是嘉定残联推动助残社会化实践的成果。它不仅创新了传统文化艺术对残疾人人格成长的治疗作用，而且发挥了艺术素养的发展作用。在理念上，阳光艺术团对残疾人的认识是基于优势视角的“能人”假设的。

社会工作者以优势视角理论为指导，颠覆了我们以往关于人和环境的问题思维，为重新审视有关问题打开了一扇新的窗户，给阳光艺术团成员带去了更多的希望和积极的意义。该项目在设计时，各类活动是载体，更重要的是在开展活动的过程中，运用专业手法，激发个体和艺术团的潜能，达到助人自助的效果。在整个介入过程中，社会工作者与艺术团成员始终保持平等的伙伴关系，从给予每一个服务对象机会，到发动大家推选艺术团骨干，再到各类艺术团自主运作，都很好地体现了这一点。正是在这种不断被“赋权”的过程中，在与艺术团成员的积极互动中，艺术团获得了更大的对个人发展、团体发展的掌控力和自信心。

（二）实施过程分析与服务效果分析

1. 实施过程分析

(1) 实施团队。阳光艺术团管理架构清晰，职责明确。根据项目实施的要求，阳光艺术团配置了2名持证社会工作者和一定数量的骨干志愿者。在实际服务的过程中，阳光艺术团不断吸纳萨克斯、电管乐、声乐、主持等不同领域的人才，汇聚各学科优势资源，结合残疾人需要，提供专业服务。阳光艺术团还积极发掘区域内的慈善资源和宣传平台，为项目开展持续注入活力。

(2) 项目管理。阳光艺术团从助残组织的新锐发展为品牌组织，注重建章立制，加强内部管理，尤其是强化各个文艺团队的日常管理和自主运作，注重团队成员的能力建设和团队的凝聚力建设，同时还不断加强过程管理，切实提高排练、演出效率和质量。

2. 服务效果分析

(1) 目标实现程度。它可以分成三个层面：

一是个体层面。个体层面的改变不仅表现在成员艺术技能的提升，如声乐、电管乐和萨克斯等方面的能力都得以提高，更重要的是体现在思维方式的转变上。受社会工作者的影响，服务对象学会了从优势视角思考问题。举例来讲，萨克斯小组中有一个成员，因重度烫伤，在社会工作者的印象中他从未穿着过短袖，哪怕是在最炎热的夏日里，他也总是把自己包裹得严严实实的。可是在加入了乐队之后，他逐渐发生了改变。在参加福州全国残疾人艺术会演的座谈会上，他说，这次比赛让他体验到了很多第一次：第一次去海边游泳、第一次去公共浴室洗澡、第一次在夏天里穿上短袖。以前他总觉得自己的伤疤很难看，现在自己感到坦然多了、自信多了。

二是团队层面。阳光艺术团为服务对象提供了学习的资源和展示的平台；同时也塑造了一个平等接纳的群体环境，让团队成员能够从个体的角色中走出来，尝试融入艺术团这个大集体，最终形成互助团队。

三是社会融入层面。阳光艺术团自成立以来，获得了很多荣誉，这背后离不开艺术团成员的努力付出——他们曾到军营、社区、敬老院演出，足迹遍布了嘉定区和上海市其他区，还到过江苏、山东、贵州等地。阳光艺术团主动寻找机会参加公益反哺活动，获得了上海市市民文化节"百支优秀乐队"等诸多荣誉。

(2) 综合效能。社会工作者综合运用直接方法和间接方法，将阳光艺术团项目做得有声有色。直接方法包括个案工作、小组工作和社区工作；间接方法包括行政管理、社会工作督导和社会工作研究。社会工作者与服务对象是伙伴关系，不仅要为阳光艺术团制定助人计划，而且要在助人的过程中让艺术团成员行使权利并对自己负责。社会工作者在整个项目运作过程中都充分彰显了这一关系的特征。从个体层面的技能提升与思维模式转变，到艺术团自主运作，再到艺术团真正走进基层社区、养老院、军营等场所，我们不仅看到了社会工作者从主动作为到成为背后推手的转变，更看到了残疾人借助阳光艺术团，增加了与社会联系的次数，也更好地融入了社会。

（三）项目发展建议

1. 专业发展层面

艺术疗法作为现代心理治疗的一种方式，主要通过音乐创作过程，协助服务对象释放难以言表的情绪，进而身体舒适、心情愉悦。阳光艺术团项目的成功运行，让我们看到了艺术疗法在残疾人服务方面取得的显著成效，体现在兴趣挖掘、关系建立、团队建立与维护、服务成果展示等方面。从社会工作本土化探索的角度来看，艺术疗法在残疾人服务方面的做法值得进一步提炼与总结。

2. 社区文化层面

艺术团会不定期地深入社区进行演出，下一步可以以“社区生活”和“社会工作者风采”为创作主题，展示嘉定本地助残文化的特色。

3. 服务对象层面

艺术需求作为需求评估的一个维度，可以让更多的残疾人受益。目前，阳光艺术团受众年龄段较窄，下一步可以考虑吸引孩子、老年人加入艺术团，让低龄和高龄的残疾人受益。

4. 服务机构层面

阳光艺术团已获得社会的广泛好评，具有了一定的社会影响力，并且有意识地输出项目品牌故事，以便链接更多的资源。今后社会工作者要广泛开展面向青少年的特殊艺术文化活动，推动特殊艺术进校园，让莘莘学子学习残疾人自强不息的精神。

本章小结

本章围绕残疾人的艺术需求，试着从个人增能、团队赋能和社区融合等方面探索如何运营好社会工作服务项目，扩大其影响力和辐射力，使艺术疗法在培育助残文艺队伍的同时，更好地探索助残社会化工作，深入推行政府购买助残服务，围绕残疾人的生理、心理、社会等方面需求提供服务。值得一提的是，阳光艺术团链接社会各方资源，搭建城乡社区、镇(街道)、区级乃至市级的各类平台，充分展示了残疾人热爱生活、追求美好的精神风貌，践行了艺术团“团结、和谐、奉献、向上、健康、快乐”的建团宗旨。在今后项目的实施和管理中，自强艺术团还应进一步加大对艺术团成员招募的力度，并根据个性化的需求，运用好个案、小组和社区三大直接方法，继续设计并宣传各类艺术类项目，并探索适合当地残疾人艺术类项目的管理与实践模式，促进残疾人艺术类项目向更高水平发展。

思考题

1. 培养残疾人艺术爱好是一个长期的过程，你认为可以运用哪些方法进行发掘和培养？
2. 运营和管理一个艺术团需要具备哪些素质和能力？
3. 如何在设计和运营残疾人艺术康复服务项目中凸显社会工作专业的理念和方法？

第九章　“寻缘识梦”未婚残疾青年社会工作服务项目

婚姻对于残疾人来说具有重要的生活意义和社会意义，但身体和心理上的缺陷以及社会上存在的歧视现象使得残疾人在婚恋问题上存在不同程度的心理障碍。对婚姻的憧憬与现实中的“交友难”“结婚难”使得残疾青年在心理上产生了巨大落差，婚恋问题成为妨碍残疾青年群体实现社会康复的重要影响因素。我们必须关注残疾青年结婚难问题，真正促进残疾人的心理康复与社会康复。

一、项目描述

（一）基本情况

有调查数据显示，残疾成年人中未婚比例相对较高，大部分适婚年龄段的残疾人除了面临身体上的残障外，更重要的是内心面临着婚恋问题所带来的困扰。

社会工作者通过前期调研发现，残疾青年普遍存在自卑心理，交友过程中遇到不同程度的阻力，使得他们原本就不大的交友圈不断地缩小，缺乏交友的意识和动力，缺乏吸引异性的优点。而这一群体的家庭在此过程中往往忽视他们真正的诉求，也很难正视他们面临的实际困难，且缺乏帮助残疾人交友的平台。来自身体、家庭和社会的多重压力使这一群体容易自暴自弃，失去追求自身幸福的信心和勇气，进一步封闭了自我。

“寻缘识梦”未婚残疾青年俱乐部项目由上海嘉定区启航社工师事务所（以下简称“启航事务所”）承接，运用社会工作的专业技能和方法，为未婚残疾青年搭建相亲交友和建立幸福家庭的平台，帮助这一群体弥补自身缺陷，克服外在环境障碍，从而使得他们平等地参与社会生活、实现自我发展，并通过多元化服务，为残疾未婚青年营造包容、支持的社会环境，保障残疾青年基本的婚姻家庭权。

“寻缘识梦”未婚残疾青年俱乐部项目从 2014 年立项以来，不断地进行专业化尝试和探索，及时地总结项目经验。经过数年的实践探索，该项目从最初针对马陆镇范围内的 23～35 岁的未婚残疾青年开展服务，逐渐拓展到面向嘉定区辖区内 22～45 岁未婚残疾青年。该项目得到了服务对象和社会各界的认可和肯定，被评为嘉定区 2016 年度“十佳助残公益项目”“嘉定十大青年公益项目”等，具有较好的社会影响力。

（二）需求分析

通过前期的需求调研我们发现，嘉定区未婚残疾青年在交友和婚姻家庭层面面临以下共性需求。

1. 社会交往需求

未婚残疾青年个人身体状况不佳，存在出门困难、自信心不足等问题，长期处在自卑与自我封闭的状态中，“宅”在家是他们不得已的选择。这也导致他们的社交圈变小，缺乏主动交友的意识，内在动力不足；且由于身有残疾，因而缺乏对自我的正向评价，自我评价较低。社会交往需求也是他们最迫切的需求之一。

2. 家庭支持需求

残疾未婚青年家庭分为两种情况：一种情况是父母积极地为孩子寻找资源，而残疾青年对交友有排斥感；另一种情况是部分残疾青年自小就长期待在家中，父母习惯于忽视他们，对残疾青年的需求不够了解且不重视，导致残疾青年对自我发展没有规划，安于现状。所以从家庭支持来看，家庭成员需要改变不恰当的观念，给予服务对象更多的支持。

3. 社会环境营造

社会对此类群体的关注度不够，忽略了残疾青年的交友需求，残疾青年缺少交友的平台，社交圈日益缩小，没有机会、渠道建立和扩展自身的社会交际网络。要为这一群体营造良好的社会环境，为他们搭建交友平台，改变社会对于这一人群的歧视和片面认识，促进他们更好地融入社会。

二、项目策划

（一）项目目标

1. 总目标

启航事务所通过开展各类联谊活动、提供有关心理辅导等，为未婚残疾青年搭建一个交流平台，改善他们交友困难的状况，提升其自信心；挖掘和链接社会资源，扩大未婚青年交友圈，帮助他们构建更为广阔的社会人际关系网络；搭建寻找生活伴侣、建立幸福家庭的平台，激发广大残疾青年追求美好生活的热情，使他们相信自己同样可以拥有美好人生，为他们营造文明、和谐、进步的社会环境。

2. 具体目标

(1) 完善服务对象信息库。启航事务所在嘉定辖区内招募 100 名以上年龄为 22～45 岁的未婚残疾人，动员他们加入残疾青年俱乐部，完善服务对象信息库。

(2) 残疾青年增能服务。启航事务所根据未婚残疾青年的心理需求，配备相关心理咨询师或婚恋专家，以互动式交流为主，为 40 名服务对象举办专题交流会或沙龙活动，协助俱乐部成员改变对自我的认知偏差，理性认识自我。

(3) 提升情感经营的能力。启航事务所运用小组工作方法，切合婚姻家庭中的实际问题，通过12次小组活动让服务对象学会更为理性地处理在婚姻家庭生活中遇到的问题；通过小组工作，促进残疾青年之间的相互交流和相互支持。

(4) 扩大社交圈子。启航事务所链接社会资源，开展大型残疾未婚青年交友活动，组织线下相亲与结缘活动，为服务对象搭建更广阔的互动和交友平台；同时开展结缘成婚对象婚礼策划等助力活动，让服务对象感受来自社会的关爱。

(5) 满足个性化需求。启航事务所运用个案工作方法，针对服务对象在交友和婚姻家庭中的问题及需求进行个别指导和持续跟踪服务，促进服务对象更好地经营家庭生活。

(6) 获得民间红娘支持。启航事务所建立了一支民间红娘志愿者队伍，加强该团队能力建设，增强其服务未婚残疾人的意识和能力，助力项目服务顺利开展。

(二) 服务方案

1. 宣传与招募

启航事务所开展前期调研，完善服务对象信息库。引导和招募嘉定区辖区内22～45岁未婚残疾青年俱乐部成员，建立线上交流平台，如QQ群、微信群等；通过摸底调研，完善服务对象信息库，并且通过有关部门宣传以及社会各界媒体报道，促使未婚残疾人积极关注和主动参与项目，项目周期内至少服务100名服务对象。

2. 突破课堂

启航事务所针对未婚残疾青年外在和内在所存在的问题，开展5次学习突破课堂，服务不少于250人次。根据未婚残疾青年的心理需求，启航事务所配备相关心理咨询师或婚恋专家，以互动的形式，开展3次相关专题主题活动。

3. 能力提升沙龙

启航事务所定期组织未婚残疾青年沙龙活动，通过组织5次形式多样、内容丰富的沙龙主题活动，帮助他们建立以俱乐部为基础的社会交往圈，并且号召他们鼓励更多残疾青年加入俱乐部，共同参与各类活动。

4. 情感经营小组

启航事务所通过开展12次主题明确的情感经验小组活动，既为服务对象建立平等对话和同辈分享的平台，让他们充分感受到集体的力量和伙伴的支持，意识到他们不是“孤独者”。同时，启航事务所也借助专家的智慧，丰富服务对象的情感经营知识，更新传统的婚恋观念，学习和掌握与异性相处、夫妻沟通的技巧，使两性关系更加融洽和亲密。

5. 线下结缘

启航事务所链接社会资源，计划开展12次未婚青年线下交友活动，招募不少于120人次的服务对象，并邀请其他区的未婚残疾青年共同参与，且与其他相关机构进行合作，鼓励更多的残疾青年加入。

6. 单线跟踪服务

启航事务所计划对服务对象进行单线跟踪，通过不少于120人次的跟踪服务，及时了解服务对象的情况，针对他们在交友和婚姻家庭中碰到的问题给予个性化指导，持续关注服务对象的情况。

7. 红娘志愿者团队建设

启航事务所将未婚残疾人交友需求向民间红娘定期反馈，帮助未婚残疾人链接更多的社交网络资源，并及时鼓励和肯定志愿者的服务，形成长效的管理机制，使民间红娘留得住、用得好。

三、项目实施

（一）前期调研活动

2020年4月，启航事务所通过前期排摸，对30名未婚残疾青年进行了项目宣传与推广，并设计需求调研问卷进行调查。调研结果显示，大部分受访者有一定的交友需求，但依旧是单身状态。通过对问卷结果进行分析，我们认为影响他们交友的因素主要有：受访者认为个体自信心不强，自身原因导致交友困难的占 77%;而部分人认为缺乏残疾青年交友平台。个人生理原因导致其内心缺乏自信,自我封闭,不愿意走出家门去结交朋友。启航事务所认为,需要积极引导未婚残疾青年走出家门,让社会关注到这一群体,并为嘉定区辖区内的未婚残疾青年搭建一个交流平台,丰富他们的业余生活,扩大他们的社会交往范围,增强他们的自信心。

(二) 项目启动会

2020 年 9 月 12 日,启航事务所召开了项目启动会。启动会分为两个环节:一是项目负责人在项目启动会上对项目受到疫情影响而延迟开展做出说明,并详细介绍了本年度的项目计划。二是安排了服务对象相互认识环节,特别是要求新加入俱乐部的成员进行自我介绍,表明对项目的期待。之后,在轻松的氛围中,与会人员通过破冰游戏进行互动,他们增加了了解,为后续服务的开展打下了基础。

(三) 红娘志愿者团队建设

2020 年 8 月 31 日至 2021 年 1 月 17 日,启航事务所共计开展了 5 次红娘志愿者团队建设服务。红娘志愿者团队的成立不但丰富了项目运作的形式,还为拓展残疾青年提供了更广的人脉资源,提升了项目服务质量。具体服务内容见表 9-1。

表 9-1　红娘志愿者团队服务内容

时　间	主　题	主 要 内 容
2020 年 8 月 31 日	志愿者团队服务启动会	启航事务所号召红娘志愿者团队成员继续发挥周围资源优势,积极参与项目活动,并且呼吁更多的人加入红娘志愿者团队
2020 年 9 月 21 日	志愿者服务跟进	1. 根据第一次红娘志愿者团队提供的信息,安排了服务对象线下相亲并关注后续发展情况等; 2. 社会工作者特别对志愿者强调了秉持服务对象自主原则,不要过多参与和影响他们的感受和实际想法

续 表

时 间	主 题	主要内容
2020年10月15日	红娘志愿者团队能力建设支持	了解服务对象对接等情况，并通过专业培训提高志愿者的能力，帮助志愿者学习服务技巧与方法，希望红娘志愿者在服务过程中提供更为专业的志愿服务
2020年12月12日	志愿者团队建设	1. 肯定志愿者的付出，希望他们能够对接更多新的社会资源，进一步扩大俱乐部平台的影响力，加强未婚残疾青年之间的沟通和交流； 2. 举办了“歌名猜猜猜”“画图猜成语”“萝卜蹲”互动游戏。在热闹的活动氛围中，大家放松了心情，也增强了凝聚力
2021年1月17日	志愿服务总结会	1. 启航事务所的社会工作者与志愿者回顾了历次活动的开展情况，总结了有关服务经验，除了注重提升志愿者的素质和技能外，也注重为红娘志愿者提供心理支持； 2. 社会工作者与志愿者共同讨论项目后续相关问题，如服务对象后续跟踪服务等，希望志愿者能够更好地帮助未婚残疾青年扩展社交圈，寻找幸福

（四）观念突破课堂培训

针对未婚残疾青年自身的特点，启航事务所通过系列“观念突破课堂培训”来转变他们的婚姻观、价值观，帮助他们培养正确的婚恋观和择偶观，提升了情感管理能力。观念突破课堂让服务对象学习了沟通技巧和情绪管理知识，并能够从认知层面进行观念的转变。具体活动开展情况见表9-2。

表9-2 残疾青年观念突破课堂活动情况

时 间	主 题	主要内容
2020年9月12日	礼仪与沟通技巧	以猫头鹰、孔雀、老虎、考拉为代表，强调了沟通方式主要是通过语音语调和肢体动作，而语言文字只是辅助方式。把沟通分为听、问、说进行展开，生动形象地阐述了沟通的多样性和选择性

续 表

时 间	主 题	主 要 内 容
2020年11月15日	“幸福触手可及”	分为四个主题：人生何求、何为幸福、何以幸福、幸福是一种能力。通过参加这些培训，服务对象可以领略幸福的真谛，让他们明白幸福并不遥远
2020年12月12日	沟通技巧之同理心	运用提问方式来引导服务对象积极踊跃地说出自己对同理心的理解，以互动游戏的方式让服务对象学会换位思考，体会和认识到与人沟通其实并不是一件难事
2021年1月17日	情绪管理	让服务对象全方位地认识情绪管理，能够更好地在日常生活中面对挫折和困难，学会积极生活、努力向上
2021年3月14日	“欣赏自我，树立自信”	运用提问方式来引导服务对象积极参与，并通过互动游戏、邀请个人上台表演等方式，引导服务对象欣赏自我，训练服务对象的自信心

（五）能力提升沙龙活动

未婚残疾青年缺乏各类交友平台，加上自身信心不足，不会主动结交朋友，也很少外出聚会，社交圈子越来越小。启航事务所考虑到这些实际问题，定期举办内容丰富、形式多样的沙龙活动，让俱乐部成员提高动手能力、学会自我健康管理、进行才艺展示、掌握社交礼仪等。沙龙活动的举办，使俱乐部成员增进了友谊，提升了自我，扩大了社交圈，具体情况见表9－3。

表9－3 残疾青年能力提升沙龙活动

时 间	主 题	主 要 内 容
2020年9月12日	苔藓球制作体验课程	让服务对象了解日常居家绿植养护的相关知识，提高动手能力，增强互动沟通的能力
2020年11月15日	男士服装色彩搭配技巧	以课堂分享的形式学习相关知识，并且以提问互动的方式让服务对象参与其中，进一步提高服务对象的自我形象管理能力、服装搭配能力和社交能力，鼓励他们更自信地生活

续 表

时 间	主 题	主 要 内 容
2020年12月12日	护肤技巧	本次活动为服务对象提供了展示自我的机会，增强了他们对自身形象进行管理的意识，也了解了护肤知识
2021年1月17日	头皮、头发护理	让服务对象收获头皮、头发护理方面的知识，鼓励他们学以致用，积极做出自我改变
2021年3月14日	单身诗意生活交流会	针对催婚等社会现象，社会工作者分享四点建议：理解父母、引导父母、自我独立、完善自我。社会工作者围绕“个人如何解压”问题向服务对象提问，大家坦诚相待，积极分享

(六) 情感经营小组

社会工作者根据前期调研的情况，邀请婚恋专家和红娘志愿者，组织开展了12次情感体验小组活动。未婚残疾人介绍了自己起初对情感经营能力的误解，主动交流情感受挫经历和失败感受，这也让很多参与者产生了共鸣。在每次活动现场，婚恋专家耐心听参与者的想法，了解他们的心理感受，鼓励他们大胆表达，为他们经营来之不易的人际情感指点迷津，这让很多参与者受益匪浅。

(七) 线下结缘活动

线下结缘活动分为两个部分：第一部分是助力已婚服务对象的婚礼策划，分别在2020年10月、11月为两对服务对象提供了婚纱拍摄服务，并提供婚宴的场地布置和环节策划等；第二部分是为有需求的服务对象提供线下一对一相亲，或者针对部分有需求的服务对象开展小型相亲会活动，并为他们提供一对一指导和跟进服务。

2020年12月25日，由上海市嘉定区残疾人联合会、马陆镇残疾人联合会主办，启航事务所承办的“寻缘筑梦·缘来是你”单身青年交友联谊会活动在嘉定区残疾人活动中心“阳光天地”拉开了帷幕，来自上海市嘉定区和徐汇区、江苏省太仓市和昆山市的残疾人和健全青年人参加了本次活动。

活动共分为“寻缘筑梦”外场互动和“缘来是你”内场交流两个部分。一系列趣味活动增进了参与者的互动交流。启航事务所还邀请了本年度已成功牵手的新人来到现场，进行幸福接力。此次联谊会活动不仅让残疾青年有缘相遇，也给大家提供了交流的契机。此次活动为未婚残疾青年搭建了温馨的互动平台，拓宽了他们的社交范围，也增强了服务对象的幸福感和归属感。

（八）单线跟踪服务

根据已建立的服务对象资料档案库，启航事务所开展个别辅导与跟踪服务，帮助服务对象缓解情感挫折以及其他精神压力。在日常服务和接触观察中，社会工作者和红娘还为服务对象提供个性化跟进服务，主要是针对服务对象在交友和婚姻过程中遇到的问题进行一对一指导，动态掌握服务对象交友进展情况，提供精准化服务，注重保护隐私，包容和尊重他们对异性交往和婚姻家庭的固有观念，引导他们换位思考，转变思维。启航事务所全年开展12次、共计60人次的跟进指导服务，使有需要的未婚残疾人从中受益。

四、项目评析

（一）需求评估分析与方案策划分析

1. 需求评估分析

该项目着眼于残疾未婚青年的婚恋问题，并且在项目执行前期通过详细的调研设计来了解该群体的需求情况，重点从个体、家庭、社会参与等多个维度来了解该群体的婚恋问题，关注服务对象的生理、心理、社会支持等需求，并且结合上年度服务开展情况来了解服务对象对于活动内容、活动形式、服务对象范围等方面的意见，为本年度服务设计提供依据。从近几年需求评估的结果来看，需求评估的内容具有较强的同质性，针对不同对象的分类评估略显不足，对俱乐部的新老成员需求变化掌握得还不够。

2. 方案策划分析

从项目方案设计依据来看,启航事务所注重需求调研结果的运用,并结合服务对象的需求进行方案设计。从项目内容设计来看,启航事务所注重从服务对象需求出发,设计大型联谊活动、沙龙活动、能力拓展活动、外展活动等,注重让服务内容尽可能契合服务对象的需求;从方案设计的目标来看,启航事务所积极号召未婚残疾青年加入,让社会认识、关注这一群体,为嘉定区的未婚残疾青年搭建一个交流平台,提升他们的自信心和社交能力。但是从近几年方案策划的创新性来看,该项目尚存在一定的不足之处,如针对不同对象的分类分层服务设计不足,服务对象内在的潜能挖掘尚显不足,需要进一步立足社会工作专业优势,在项目方案设计中注重对服务对象内在能力的挖掘和培育。

(二)实施过程分析与服务效果分析

1. 实施过程分析

(1)从项目实施团队来看,启航事务所的组织管理架构清晰,责任明确,建立了较全面的组织制度,涵盖人事管理、会议组织、安全保卫、财务管理等方面。在项目人员管理方面,启航事务所自承接该项目之日起,就成立了专门的项目管理团队,有3名专职人员,均持证上岗。启航事务所内部分工明确,分为执行组、行政组与财务组。在对工作人员的培训方面,启航事务所制定并实施年度培训方案,社会工作者还参加了嘉定区助残孵化园能力建设项目,定期参与有关培训和督导服务。启航事务所还制定了规范详细的岗位责任书,并定期召开工作例会,交流、通报相关情况,加强团队管理和能力建设。在志愿者管理方面,启航事务所制定了岗位责任书和志愿者管理服务制度,内容详细,管理规范。志愿者培训有记录、照片、讲义以及总结,启航事务所还对满意度进行统计分析。

(2)从项目管理来看,"寻缘识梦"未婚残疾青年俱乐部项目实施多年,管理结构清晰,服务流程完整,显示出较强的团队管理能力。项目实施方案则延续以往的招标要求和主要框架,各个要素齐全,有计划、有步骤地设计内容并组织实施。在项目实施监督和反馈中，启航事务所也有比较明确的监督机制和服务流程，运用心理学和社会工作方法开展各子项目活动。启航事务所制定了安全服务制度，采取了隐私保护措施，全年无投诉。启航事务所注重做好对项目进度的把控，及时对项目进展情况加以总结和提炼，保证项目服务质量和服务效果。

2. 服务效果分析

（1）目标实现情况。根据启航事务所在投标方案中制定的成效指标，对照实施内容和相关方的意见反馈，参加人数有保证，服务次数按计划完成，服务对象、工作人员和残联组织对项目的评价、满意度也都较好。从调查结果来看，启航事务所所进行的满意度测评，主要涉及服务开展过程中，服务对象接受单次服务后，对服务进行评价和反馈。评估方进行的满意度测评结果显示，服务对象对各个方面的评价均很满意，较好地实现了项目预定的目标。

（2）项目的社会效益。启航事务所将每次活动开展情况发至社会组织官网、微信公众号以及新浪微博认证号进行宣传展示，先后被中国残联、嘉定电视台采访，也得到了《灵芝草》杂志的专版报道，项目知晓率、影响力、服务对象知晓率均较高。启航事务所通过各种途径链接社会资源，与咖啡馆、村委会或社区居委会合作获得场地支持，与企业合作获得物资赞助。启航事务所还与外区残联开展交流活动，与各镇（街道）残联、社会组织建立平等稳定的协作关系，创造多元化的服务平台，积极引导未婚残疾青年加入俱乐部。

同时，启航事务所与行业内多家助残机构合作开展服务，达到了多方共赢的目的，在有限的资源条件下，实现了服务对象利益的最大化。在项目执行过程中，启航事务所充分发挥社会工作者链接资源、善用资源的优势，为项目顺利进行提供了资源保障。启航事务所重点关注未婚残疾青年的交友与婚恋问题，关注民生热点，符合立项宗旨，有利于逐步改变社会对残疾人的刻板印象；加大对残疾人的支持力度，为推动未婚残疾青年融入社会创造友好环境。

（三）项目发展建议

1. 发挥专业优势，分类开展精准化服务

启航事务所作为嘉定区一家专业性社会工作机构，经过多年的运作已经在区域内形成了自身的专业特色和社会影响，加之专业力量充足，具备发挥更多专业优势的基础，推动项目提升专业内涵。建议启航事务所针对残疾青年交友、婚恋困难的特点，对服务对象分类施策、精准服务，在残疾人自身素养提升、心理建设和社会功能方面发挥积极作用；借此引导残疾青年从不同层面增能，帮助其认识到自我能力提升对于个体改变的重要性和关键性。启航事务所运用专业的个案、小组和社会参与服务，引导残疾青年自我增能、自我实现，从而提升个体自我价值感。残疾人交友需要系统性、持续性的支持和跟进服务。启航事务所需要在分层分类服务的基础上，每年根据服务对象需求开展个案管理，经过综合评估后，制定个性化的服务方案；针对未婚残疾青年在不同阶段的需求进行个性化、动态化评估服务和跟踪服务，真正凸显项目的立项初衷。

2. 拓展服务内涵，增加项目广度与深度

该项目以提升未婚残疾青年自信心、搭建交友平台、追寻美好幸福生活为目的，服务形式以心理辅导、大型联谊活动和专业小组活动为主，社会工作者需要发挥其专业与资源优势，创造条件以扩大交友平台，开展丰富多彩的符合残疾青年身心特点的交友活动。启航事务所可尝试以平等的专业视角将服务对象纳入普通人的交友范围，协助他们在交友的道路上越走越顺，从而获得更多的交友与婚恋资源。

启航事务所需发挥自身组织和志愿者合作伙伴的资源优势，不仅为服务对象搭建交友平台，还可以让服务对象从受助者向助人者转变，提升服务对象自身的参与感和价值感。“寻缘识梦”项目经过几年来的发展，建立了服务对象信息库，除了为这些服务对象提供直接服务外，也可以动员服务对象进行自我管理与自我服务，发挥俱乐部的功能与价值，不断挖掘和激发服务对象自身的潜能和动力，让他们利用俱乐部平台进行活动的组织和策划工作，丰富项目的内涵，提升项目的影响力。

3. 注重观念引导，引导残疾青年确立正确的婚恋观与人生观

残疾未婚青年要解决婚姻问题，前提是必须确立正确的婚恋观，即对婚姻、家庭等有正确的认识。作为连续性项目，“寻缘识梦”项目不是以走进婚姻为唯一目标，而是将服务的重点拓展到引导残疾青年正确认识交友与婚恋，通过宣传倡导、心理辅导、家庭引导等方式，强化残疾人的正面情绪，消除其心理障碍，引导他们树立正确的人生观、价值观、婚恋观，认识到对自己、对朋友、对父母、对社会应承担不同程度的责任。社会工作者可以通过个案辅导工作、小组工作等方法，评估残疾未婚青年及其亲属的诉求，剖析造成婚恋难的症结所在，从思想观念上对他们进行引导。同时，社会工作者还可以通过观念的引导，让残疾青年能够重建社会关系，促进社会融入，提升幸福指数。

本章小结

本章以残疾青年婚恋问题为项目的切入点，运用社会工作专业理念和方法来策划和开展服务项目。该项目着力回应残疾青年的情感和家庭需求，保障残疾人实现婚姻家庭权益。启航事务所通过建立俱乐部、开设培训课堂、定期举办沙龙、开展外展活动、加强团队建设、实现外缘对接、推动线下结缘等，为残疾青年提供多元化交友支持服务。在搭建残疾青年交友平台的同时，启航事务所以服务对象为本位，注重服务对象内在认知的改变，提升服务对象的自信心。同时，通过多元的社会支持，如红娘志愿者团队建设，企业、社区等资源对接，为残疾青年交友营造社会性支持氛围。在后续的项目策划和实施过程中，启航事务所需要发挥社会工作专业优势，注重对服务对象的分类管理，更加精准地提供服务内容；注重调动服务对象的内在

积极性和主动性，深化俱乐部的内涵建设；加强对残疾未婚青年的价值引导，让他们确立正确的婚姻观和家庭观。

思考题

1. 在策划残疾青年婚恋服务社会工作项目前，社会工作者需要做好需求评估工作，你认为可从哪些角度开展需求评估?
2. 你认为哪些因素导致残疾青年“交友难”“结婚难”? 如何更好地回应该群体的婚恋问题?
3. 请你结合当地残疾青年的婚恋实际，设计一个既有本地特色又能回应残疾青年婚恋需求的社会工作项目。

第十章　“阳光相伴”残疾人照顾者关爱社会工作项目

一级肢体残疾人面临着重度生理功能障碍，他们基本上不能或完全不能完成日常活动，需要依靠他人的照顾和帮助。长期的照顾工作给家庭主要照顾者带来了生理、心理和社会等方面的负面影响。专注于对残疾人的照顾使许多照顾者在社会交往上受到限制，工作和经济压力不断增加，健康水平逐步下降，随之产生了较为严重的孤独感、无助感和挫折感。关爱残疾人照顾者，为他们提供支持服务，可以缓解其照顾压力，改善其身心健康状况，从而提高残疾人的生活质量。

一、项目描述

（一）基本情况

国家对一级肢体残疾评定的标准主要包括四肢瘫、四肢在不同部位截肢或先天性缺肢和双上肢功能极重障碍。2018 年，嘉定区残疾人动态数据更新调查显示，在籍一级肢体残疾人士为 544 人，绝大多数依靠家人照料生活。持续性照护为家庭照顾者带来沉重的身心负担和经济压力，而他们的身心状况往往会直接影响家庭的生活质量。为帮助一级肢体残疾人士的家庭照顾者从社会系统中获得物质和精神上的支持，提高照顾者身心健康水平和肢体残疾人士的生活质量，上海市嘉定区残疾人联合会从 2011 年起推出了残疾人照顾者关爱服务公益项目。该项目由嘉定区阳光社工师事务所（以下简称“阳光事务所”）承接，旨在组建一支专业服务队伍，为具有本市户籍的重度瘫痪、长期卧床、大小便失禁的一级肢体残疾人士的 130 名家庭照顾者提供支持性服务，通过专业社会工作介入和服务开展，提高服务对象的生活质量，减轻其家庭生活照料负担和压力。

（二）需求评估

嘉定区地域广阔，130 名残疾人照顾者分布在全区 12 个镇（街道）。阳光事务所通过需求调研发现，残疾人照顾者有以下共性需求。

1. 缓解身体压力的需求

调研结果显示，照顾者长期处于照顾家庭和照顾残疾人状态，超负荷的照顾任务不仅限制了他们外出工作，也限制了其社会交往，更使其身体过度劳累，部分人甚至因长期劳累患上了各种疾病，照顾者的身心健康和家庭生活质量受到严重影响。他们亟须得到个人喘息的机会，以缓解身心压力，改善生活状况。

2. 心理调适的需求

照顾者长期处于家庭照顾的环境中，社交范围受限，经济条件有限，身体的过度劳累导致其情绪低落、精神压抑、负面情绪堆积。这种状况严重影响了照顾者的身心健康，社会工作者必须对他们进行情绪抚慰和心理调适。

3. 照顾能力提升的需求

我们在调研中发现，照顾者一方面面临严重的身心压力，另一方面又缺乏相应的科学、专业的照顾方法和技巧。他们多是根据生活常识对残疾人进行照顾，而一级肢体残疾人对生活照顾、康复训练的要求更为系统和专业，照顾能力的不足和担忧又导致照顾者压力倍增。

4. 社会支持的需求

照顾者长期囿于家庭生活，社交受限，加上其生活方式单一，缺乏支持网络。他们需要来自社会的相应支持，以减轻身心负荷，提高家庭生活质量。

二、项目策划

（一）项目目标

1. 总目标

阳光事务所通过运用社会工作的理念和方法，分阶段、分层次地为照顾者开展支持性服务，减轻照顾者长期的身心负荷，改善照顾者的人际交往和社会支持情况，提升照顾者的家庭生活品质。

2. 具体目标

(1) 减轻照顾负荷：阳光事务所通过提供喘息服务，减轻照顾者积压已久的身体负担，使他们获得暂时的休息和独处的机会。

(2) 改善心理状况：阳光事务所通过提供情绪抚慰使照顾者获得心理支持，帮助他们重新认识自我和家庭状况。

(3) 提升照护能力：阳光事务所通过开展照护技巧培训，帮助照顾者掌握照顾他人和自我照顾的方法和技巧，提升照顾能力，改善残疾人生活状况。

(4) 获得社会支持：阳光事务所协助照顾者充分利用社会支持系统，使照顾者感受到社会温暖，不再觉得自己是孤军奋战，不再悲观失望。

（二）服务方案

残疾人照顾者服务项目主要是通过组织实施一系列服务，为长期照顾者提供情绪支持、临时照顾，促进和维护其健康，搭建社交活动平台等，主要包括以下十个方面。

1. 开展需求调研

项目策划前开展大规模需求调研，项目实施中开展过程性自评和意见收集，阳光事务所以此为基础，调整和优化服务内容、过程管理。

2. 志愿者管理

阳光事务所面向嘉定区12个镇(街道),组建志愿者队伍,主要包括:建立一支以镇(街道)为单位的联络员队伍,负责项目在镇(街道)里的协调、资源调配;建立一支照顾者骨干(组长)队伍,提高自我管理能力;建立一支社区干部志愿者队伍,扩大社区知晓度;建立一支亲友志愿者队伍,进行替代照料。阳光事务所定期召开联络员和照顾者骨干(组长)会议,开展对社区干部志愿者的培训,关爱亲友志愿者,促进项目跟进和执行。

3. “同心缘”照顾者俱乐部

为进一步增进与照顾者的联系,促进其互助精神的发扬,阳光事务所面向12个镇(街道),遴选10名照顾者骨干,组建了志愿者队伍,负责“同心缘”照顾者俱乐部的日常运作,提升照顾者自我服务、自我管理、自我教育的能力。全年开展活动不少于5次。

4. 健康传递活动

针对照顾者身心劳累的压力,阳光事务所设计了健康传递活动。例如:举办健康知识讲座,让照顾者学习一些健康与锻炼相结合的运动(如扯铃等)技能,合理运动,保持健康;组织34名照顾者参与健康体检与咨询活动。

5. 常来家坐坐

针对照顾者生活闭锁,尤其是节假日倍感孤独的状况,阳光事务所组织社区志愿者定期上门探望照顾者,服务人数为130人。

6. 照顾者手册

针对照顾者照顾技能不足、经验缺乏的现象,阳光事务所策划编印了照顾者手册,发给有关人员。

7. “传递信息”服务平台

为缓解照顾者身心压力,增进群体间、工作组和社区志愿者之间的联系,阳光事务所以手机短信、QQ群等形式为照顾者提供了电子互助交流平台。

8. “心动一瞬”摄影服务

为提高照顾者的生活品质,增强自我效能感和认同感,发现最美的自己和生活的意义，阳光事务所为12名照顾者拍摄了艺术照，定格美好瞬间。

9. 开设专业小组

针对照顾者出现的情绪低落和社会交往能力不足的问题，阳光事务所举办了促进照顾者成长和转变的小组活动，向照顾者提出建议并给予鼓励，使他们获得情感上的支持。

10. 举办联谊会

针对照顾者因照顾残疾人而无法参加社会和社区的文娱活动、得不到休息等问题，阳光事务所举办了联谊活动、阳光假日活动，邀请照顾者及其亲友参加集体生日会等。

三、项目实施

（一）组织开展多种形式需求调研

阳光事务所在嘉定区12个镇（街道）面向各镇（街道）残疾人服务社、照顾者、镇（街道）联络员、照顾者相关亲友等人员开展需求调研，并根据调查数据合理安排各项服务内容。

（二）加强与各方合作，培育多元化志愿者

为了进一步推动项目服务在各镇（街道）的有效开展，让更多有需求的照顾者得到所需要的项目服务内容，阳光事务所继续强化各镇（街道）的志愿者力量，组建联络员、社区志愿者、亲友志愿者、照顾者志愿者四支队伍。在阳光事务所和各镇（街道）的努力下，各个志愿者队伍稳健推进，阳光事务所还举办了2次志愿者主题培训。12个镇（街道）的12名助残员担任联络员志愿者，代表阳光事务所负责各镇（街道）的统筹协调和资源分配等工作。“同心缘”照顾者俱乐部3个活动点的9名组长组成了照顾者骨干队伍，注重在志愿活动中提升照顾者自我服务和自我管理的能力；73名社区干部作为项目志愿者承担了上门探访照顾者的工作，在社区内扩大了项目的知晓度；130名亲友志愿者在照顾者参加项目活动时提供了替代照料。各支队伍定期参与项目服务，大家各司其职，成为项目有序推进的重要支持力量。

（三）组织开展“同心缘”照顾者俱乐部

经过多年的培育和引导，“同心缘”照顾者俱乐部逐步走入自主运作的轨道，10 名骨干照顾者志愿者分工明确，有的放矢地组织各类健身、文娱活动。2019 年，阳光事务所与嘉定镇街道、真新街道、安亭镇的数家助残服务社建立了合作关系，在 3 个点开展活动，每个点全年活动 8 次。除常规活动外，阳光事务所还排练了一些节目，参加镇（街道）的助残周演出活动，使照顾者重获久违的自信与幸福。“同心缘”活动的开展，增进了照顾者群体之间的联系，促进了同辈支持网络的建立，同时也彰显出照顾者乐观积极、自强不息的精神面貌。

（四）组织开展健康传递活动

1. 健康讲座

阳光事务所在项目周期内邀请专业医务护理人员分别为残疾人照顾者开展 2 次护理知识讲座和咨询活动，受益对象为 100 多人。讲座内容包括“床的要求”“日常基础护理”“康复和运动”“并发症的预防”等。在讲座活动中，培训老师细致地介绍了对重症残疾人的护理技巧，并现场演示了一些护理手法，回应了照顾者日常护理中遇到的难题和困惑。讲座活动使照顾者对专业照顾技巧有了新的认识与理解，也增强了照顾者维护自身健康的意识，使他们懂得了在长期护理过程中如何保护自己的腰椎。在第一次护理知识讲座中，阳光事务所了解到很多照顾者的腰椎不好，身体大多处于亚健康状态，但因一直忙于照料他人，没时间也不知道如何关心自身的状况。为此，阳光事务所在第二次南片（真新街道、江桥镇）开展讲座时做了调整，一是与讲课老师提前沟通，加了一些关于保护腰椎方面的内容，二是邀请有 50 年从医经验的老中医在讲座前后为照顾者提供健康咨询服务。

2. 健康指导与体检

阳光事务所邀请专业康复保健人员为照顾者开设家庭自我康复锻炼的讲座并提供现场指导服务。此次活动让照顾者明白，无论是否有器材辅助，均可以在家里就地取材、因地制宜地进行锻炼。下半年阳光事务所组织 34

名身患疾病的照顾者去医院做专项体检，并针对体检结果，邀请有关医生进行一对一就医康复指导。

3. 开展“常来家坐坐”活动

12个镇(街道)的志愿者定期为照顾者提供上门探访服务，每人全年上门至少6次。服务对象反馈，以前都是自个儿在家里做事情，现在有来家里说话的人了，可以聊聊天，也可以帮帮自己的忙。该项活动的开展，在一定程度上减少了照顾者的孤独感，让其感受到社区大家庭的关爱与支持，同时也促进了志愿者精神的传递，推动了社区和谐共建社会支持系统的建立。

（五）组织印刷、发放照顾者手册

鉴于项目周期内照顾者技能和经验不足，急需更为实用、科学的照顾知识和技巧，阳光事务所在前期调研和意见征询的基础上，组织社会工作者、骨干志愿者和有关专家编写了实用版的照顾者手册，并在第一时间发放到每一个照顾者手里。在项目实施过程中，照顾者对手册内容提出了新的要求，2019年版的手册还增加了照顾者心理压力缓解、饮食营养等内容。

（六）搭建“传递信息”服务平台

为进一步提高照顾者的照顾能力，加强日常联系，阳光事务所通过微信群、QQ群等互联网平台，每月发送相关信息，为嘉定区12个镇(街道)的130名照顾者提供信息支持服务，拓宽照顾者获取信息的渠道，全年开展信息服务12次。

（七）组织开展“心动一瞬”摄影活动

为增强照顾者对美好生活的信心和希望，帮助他们提升生活品质，发现生活中的美，阳光事务所为嘉定区12个镇(街道)中的12名照顾者拍摄艺术照，每人一年2次，共计24次。

（八）“幸福从‘心’开始”小组活动

在项目周期内，阳光事务所为12个镇(街道)的照顾者们开展了8次小组活动，参与人员有20名，其中15名服务对象基本上做到了全勤。小组活动内容包括被照顾者对疾病的反应，如何关照自己、积极与被照顾者相处，照顾者与其他家人之间的沟通，社区资源和重残政策等，并在每次活动开始时安排 30 分钟的教育性知识。实践证明，这些知识、技能方面的输入，让组员解决问题的能力得到了提高。通过 8 次小组活动，组员间已建立了良好的关系，互动频率有了显著的增加，并学会了彼此尊重。他们能够接纳其他组员的想法。不少照顾者及时调整了身心状态，精神面貌大有改观。

（九）开展“老朋友新年 PARTY”联谊活动

为了能让照顾者在温馨、轻松的氛围中重叙友谊之情，并怀着快乐的心情迎接新年，2020 年春节前夕，阳光事务所组织 2019 年参加活动的照顾者开展了“老朋友新年 PARTY”迎新联谊活动，参与人数有 100 多人。此次联谊活动的大多数节目都由照顾者自行编排表演，无论是舞蹈、时装秀还是歌唱表演，从沟通到排演，都是由照顾者俱乐部成员负责的。表演中，照顾者的热情、自信、微笑，无不感染着参加表演的每一个照顾者和的社会工作者。同时，社会工作者精心设计的游戏也深受照顾者的欢迎，他们在游戏中表现出了乐观的积极状态。通过参加联谊活动，照顾者获得了正能量，这种轻松的氛围更利于激发照顾者与他人交往、参加社会文娱活动的热情。

（十）组织开展“风雨同行”融合拓展活动

阳光事务所面向 12 个镇（街道）开展了一系列融合拓展活动，使各镇（街道）的照顾者之间建立了良好的关系，成为一个支持系统，受益对象有 100 多人。

在总结历年拓展活动的基础上，2019 年阳光事务所开展了 3 次拓展活动，实现了建立区域性支持性团队的目标，探索在专业社会工作者、志愿者不足的情况下，是否能通过建立照顾者互助团队，解决长期照顾者情绪支持、信息不足等问题。阳光事务所于 2019 年上半年在江桥镇、真新街道开展的 3 次活动中共有 50 名照顾者参加，其中 46 名照顾者全勤。组员间分享生活和护理经验，多数照顾者已初步建立了友谊，并已显现出互助带给照顾者的积极影响。

四、项目评析

（一）需求评估分析与方案策划分析

1. 需求评估分析

需求评估是一个信息收集和分析的过程，通过一定的方法发现调研对象哪些方面需要改变、改变的紧迫性、需要怎样的改变。需求评估关系到项目的可行性、项目的可持续性和项目的实施效果。笔者在评估现场通过访谈项目负责人了解了阳光事务所需求评估实施状况。阳光事务所坚持“调研，打开理解的窗户”的理念开展需求调研。在每次方案策划前，阳光事务所都进行计划需求调研，包括调研方案的设计，以及对购买方、各镇（街道）联络员、照顾者、其他相关人员初步意见的征询等。

在调研的对象方面，阳光事务所尊重每个项目相关方的意见，并将意见转化为实际运作的内容，融会贯通。阳光事务所尤其注重收集与分析照顾者的意见。几年来，照顾者参与需求调研的人数越来越多，并提出了很多有建设性的想法。

在调研的形式方面，针对部分照顾者文化水平有限、理解认知受限等问题，阳光事务所最初使用了表格版的需求调查。调研中发现，部分服务对象会跟随大流，并不理解问卷填写的真正意义。阳光事务所会根据每年在调研中发现的问题，不断调整调研形式，从申请表、邀请表、访谈表到问卷+访谈提纲，不断优化访谈的形式，确保收集到最有效、最符合照顾者需要的信息。

在调研的程度方面，阳光事务所采取集中调研+过程性自评方式，收集服务对象和相关方的反馈情况。在日常活动中，阳光事务所经常与照顾者、志愿者骨干聊天，了解他们参与活动的感受，征询他们对活动的建议，及时改进和完善活动的细节；还建立了和镇（街道）联络员进行工作联络的制度，充分依靠集体的智慧，不断提高服务水平。

在调研人员组成方面，阳光事务所注重培育照顾者本身成为项目的调研志愿者，使他们成为项目运作团队中的一员，充分发挥他们在群体中的桥梁和纽带作用，广泛听取照顾者的意见和建议。目前，许多决策都是由照顾者来把控的，阳光事务所为他们的成长提供平台和资源，让他们成为阳光事务所的代言人。

从以上维度可以看出，阳光事务所注重调研的深度与广度，尤其是注重吸收服务对象的意见和建议。因此，需求评估较为严谨、客观，结果能够反映130名服务对象的生活现状和服务需求。但从历年形成的调研报告内容来看，阳光事务所分析数据的能力和总结归纳的水平还有待提高。

2. 方案策划分析

公益项目方案策划是为了达到立项目的，在充分开展需求评估和对相关环境进行分析的基础上，遵循公益项目设计的逻辑规则和方法，对预计开展的服务进行系统、周密、科学的预测并制定科学的可行性策略。好的策划方案使项目具有可执行、可评价的特征。作为购买了多年的残疾人社会工作服务项目，其立项要求较为稳定，承接方也很固定，便于在做好固定服务的基础上，结合实践内容开拓创新。项目方案设计符合“需求调研＋目标制定＋方案形成”要求。从方案设计的目标制定来看，项目方案与目标制定要求的Smart原则存在一定差异，即目标设定较为笼统，缺少具体的数据支撑。从方案设计的具体活动内容安排来看，项目方案体现“需求调研—组建队伍—专业服务—融合活动”的逻辑设计要求，但对活动内容的具体描述方面还需更为明确、具体，操作性与指向性还需更为清晰。

（二）实施过程分析与服务效果分析

1. 实施过程分析

（1）从实施团队来看，阳光事务所有5名工作人员，符合实施需求，阳光事务所成员持证率达100％，其中有社工师2名，项目督导由阳光事务所负责人担任。阳光事务所制定了工作人员培训计划，包括内部培训和外部培训。工作人员岗位职责明确，但是岗位说明描述尚欠细致。阳光事务所还根据多年来项目实施情况，分别组建了以镇（街道）为单位的联络员队伍、照顾者骨干(组长)队伍、亲友志愿者队伍、社区志愿者队伍,志愿者队伍成为项目有序开展的人力资源补充。

(2) 从项目管理来看,阳光事务所设计了团队岗位架构图,管理流程明晰,但相应的岗位职责需要进一步细化。

阳光事务所注重机构建章立制,切实保证项目规范、有序运作。从有关项目管理制度来看,制度内容与机构职能相匹配,如质量管理、安全保障、投诉机制等,但绩效考核、人力资源管理等制度需要进一步完善。

项目实施方案的设计建立在服务需求调研所获得信息及其综合分析的基础之上,目标清晰,内容完整,流程规范。

项目实施过程中的监督和自查总体执行情况较好,建立了活动风险管理制度,但是未对每次活动的具体风险加以分析,并制定应对策略。阳光事务所设立了自查制度、活动月报表等,但专业反思尚不足。该项目能够通过多元媒介宣传助残服务,在嘉定社会组织服务中心网站上发表了多篇报道。

2. 服务效果分析

(1) 从目标实现程度来看,对比项目方案策划和实施过程,在服务区域、服务人数、服务次数、服务内容方面均已达标,过程目标、量化目标基本实现,项目周期内130名照顾者服务对象获得了个性化与群体性服务,一定程度上满足了其身心舒缓压力、社会支持系统建构等期望。同时,骨干志愿者参与项目管理与实施,充分发挥主动性和能动性,带动了照顾者群体以更好的精神状态投入工作中,体现了助人自助的社会工作专业理念。

经过多年运作,该项目形成了两个亮点:一是采取了互动性、小班化的讲座培训形式。阳光事务所遵循“简便、易行、就近、就便”的原则,分片区设置了小班化、互动性培训点,有利于照顾者得到更充分的关注和支持。讲座中,台上台下的双向和谐互动,让每个参与者都有机会得到细致的指导。二是组建了照顾者支持网络。从最初的“照顾者支持小组”到“同心缘”照顾者俱乐部,并探索在各镇(街道)建立俱乐部,这些都成为项目可持续发展的载体,从而将俱乐部打造成了“照顾者之家”。目前,“同心缘”俱乐部已成为照顾者放松身心的一个支持平台，团队凝聚力日益增强，俱乐部组织的活动也变得愈加丰富多彩。在这里，照顾者能放松身心，自由交流，自我管理、自我服务的能力也得到了较大提升。该项目历经多年，形成了独特的创新之处，以服务内容和服务形式创新来助力服务的目标已完成。

笔者作为评估员，通过查阅台账和走访阳光事务所有关人员了解到，除骨干照顾者外，多数照顾者之间自发性的互助还很有限，“同心缘”俱乐部自主运作的意识和能力还稍显不足。因此，阳光事务所应在后续服务中，进一步探索提升服务对象之间的互助意识和自助能力、“同心缘”俱乐部的自我管理意识和自治能力，以凸显专业助人自助的内涵。

(2) 从综合效能来看，作为上海市嘉定区残疾人联合会的助残服务品牌，阳光事务所充分发挥自身专业和资源优势，积累了丰富的实务经验，在固定服务的基础上，推陈出新，满足照顾者的个性化、多元化需求。尤其是“同心缘”照顾者俱乐部服务，不仅满足服务对象之间相互支持链接的需求，更凸显其助人自助的专业服务精神。项目服务对象参与活动的比例高，目标对象人数覆盖率达到 100%。阳光事务所具有较强的社会动员能力，项目前期服务需求调查的问卷回收率达 97.8%，130 名亲友志愿者在照顾者参加项目活动时提供了替代照料。各镇(街道)残联和相关居委会派出助残员、条线干部担任项目志愿者。阳光事务所还与嘉定镇社会组织服务中心，嘉城经济党支部、大众团支部、罗宾森购物中心等组织签订了共建协议。阳光事务所注重项目管理和成效提炼，在第三方评估中连续多年获得优秀项目称号。阳光事务所注重做好服务宣传工作，先后在区级以上媒体发表多篇活动报道，综合效能较好。

(三) 项目发展建议

1. 注重服务的持续性

阳光事务所以“需求为本、服务对象为本”为主旨策划实施项目，在做好购买方规定的服务内容的基础上，注重项目活动的创新性，这是值得肯定的。但是社会工作者在创新的同时应兼顾原有服务的连续性，避免服务对象产生原有服务被中断的感觉。例如，部分服务对象和志愿者反映，曾经有过的传统节日元宵节送汤圆、外出观影等服务没有了，而照顾者把这些视为“你们想到我”，因此对这些活动看得很重。建议阳光事务所可在后续服务实施中，一方面基于立项要求创新服务，另一方面基于服务对象的合理化诉求，保留或创新传统服务，以切实满足服务对象的多元化需求。

2. 优化服务质量评估设计

阳光事务所十分重视服务质量评估工作，并在具体实施中主动开展自我评估。所开展的服务对象满意度评价涉及多个角度，包括服务内容、时间安排、参加活动的主要收获，以及活动对服务对象的健康改善、情绪改善、心理减压、社会交往等的影响，服务对象对工作人员和志愿者的满意度等，并且对评估结果做了详细的统计，但并未对统计结果进行系统分析。因此，我们从中难以看出统计结果对评估和项目的影响。评估中采用的定量方法不够精细，测评选项大多仅以四个文字性选项——满意、较满意、一般、不满意——做描述性区分，未对选项赋值，难以将测评结果转化为数据，以分值体现满意度。阳光事务所还需注重科学化、规范化测评指标设计与应用，对评估结果加以认真分析，用以指导后期工作，使评估真正反映项目的成效及影响。

3. 凸显个性化服务介入

阳光事务所注重服务质量的管控和专业方法的融入，但一些具体服务中的个性化介入还需细化。例如，在设计面向服务对象的需求调研问卷时，内容为模板化格式，未考虑到服务对象的差异性。项目的服务对象为残疾人照顾者，其家庭背景、年龄跨度都有较大差异。因此，在介入策略和具体实施上，社会工作者要格外注意，尽量做到细化，根据不同的对象和服务内容选择不同的介入方法。

4. 充分发挥骨干志愿者的片区带动作用

阳光事务所建立了以服务对象为本的志愿者网络，建立了照顾者的互动互助网络，起到了团结照顾者的作用。阳光事务所强调照顾者的主观能动性，在照顾者中培养骨干志愿者，鼓励照顾者自己策划、组织、开展俱乐部活动，社会工作者则扮演指导者和中介人角色。骨干志愿者既是服务对象，又是项目管理者，这是项目的创新之处。但在具体评估中，笔者发现，骨干志愿者的能力偏差导致服务传递的质量也不一致，作用发挥出现较大差异。因此，骨干志愿者带动片区家属的能动作用还需得到进一步发挥，其带动能力还需进一步提升。在后续实施中，阳光事务所还需加强对骨干志愿者的培训，具体可以通过社会工作者带教志愿者、核心志愿者影响同辈等途径强化服务效果。

5. 做好风险管控预案

项目对象不仅包括残疾人照顾者群体，还包括承担照顾者外出参加项目活动时的替代服务志愿者——机构安排的志愿者和照顾者自请的替代者。替代服务志愿者所承担的临时照顾工作有着明显的特殊性，因此无论哪个群体参与项目服务均面临一定的风险。建议阳光事务所根据各类服务对象的特点和服务的特殊性，建立健全安全保障机制和投诉处理机制，做好风险防范和控制工作，保障参与者的合法权益，这也是项目规范化和专业化运作的标志。

6. 平衡地区参与率

130 名服务对象分布的区域较广，再加上路途遥远，交通费用是一笔不容忽视的开支，因此南、北片区服务对象的参与率不平衡。中心城区因各项条件相对较好，参与率较高，偏远地区则仅有部分服务对象参与。笔者作为评估员发现，阳光事务所划片区实施项目，已是有益的尝试，且有利于形成片区支持网络，但其实施的深度仍然不够。建议阳光事务所后期多为参与率低的照顾者创造条件，尽量缩小参与率方面的差距。一方面，充分发挥片区骨干志愿者和“同心缘”俱乐部互助平台凝聚力量的作用，扩大片区参与面；另一方面，可在服务内容和形式上，加强与服务对象的联系，深入开发个性化的服务，增强服务对象对项目本身、阳光事务所整体方案的理解，促进群体之间的联系和互动，推动服务对象参与率的提高。

本章小结

该项目以残疾人照顾者为服务对象，针对照顾者社交生活受限，工作、经济上压力递增，健康水平下降、心理压力倍增等问题，从缓解身体压力、提供喘息服务、进行心理调适、注重能力提升和链接社会资源等方面开展服务，切实缓解照顾者的照顾压力，改善其身心健康状况，从而提高残疾人的生活质量。阳光事务所在完成规定任务的基础上，基于服务对象特点和需要，推陈出新，策划实施个性化和多元化的增值服务，扩大了残疾人社会工作项目的溢出效应。在以后的项目实施和管理中，阳光事务所还需整合组织自身资源，充分发挥地区骨干志愿者的作用，平衡地区参与率，扩大服务受益面，同时针对该项目服务对象及相关参与者的特殊情况，从各方面加强风险管控，以提升项目整体质量。

思考题

1. 结合生活事例，说明残疾人照顾者会面临的生活压力和该项目的实施意义。
2. 请谈一谈实施该项目会面临哪些风险，如何加强风险控制。
3. 假设一名残疾人照顾者需要外出，请结合当地资源设计一个为其提供喘息服务的方案。

参考文献

[1] 周沛，曲绍旭，张春娟. 残疾人社会工作[M]. 北京：社会科学文献出版社，2012.

[2] 马洪路. 残疾人社会工作[M]. 北京：中国社会出版社，2010.

[3] 奚从清，林清和. 残疾人社会工作概论[M]. 3 版. 杭州：浙江大学出版社，2018.

[4] 卓彩琴. 残疾人社会工作[M]. 广州：华南理工大学出版社，2008.

[5] ROTHMAN J C. 残疾人社会工作[M]. 曾守锤，张坤，译. 上海：华东理工大学出版社，2013.

[6] 杨福义，张福娟，章淼榕. 缺失与重塑：残疾人社会工作案例研究[M]. 上海：华东理工大学出版社，2017.

[7] 陈为雷. 社会服务项目制的建构及其影响研究[M]. 北京：中国社会科学出版社，2015.

[8] 王名，王超. 非营利组织管理[M]. 北京：中国人民大学出版社，2021.

[9] 王世强. 社区服务项目设计[M]. 北京：中国社会出版社，2017.

[10] 刘春霞.政府购买社会服务项目的设计与执行[M].郑州：郑州大学出版社,2020.

[11] 童敏.社会工作专业服务项目的设计：实践逻辑与理论依据[M].北京：社会科学文献出版社,2020.

[12] “大爱之行”全国项目办公室.社会工作项目管理手册[M].北京：中国社会出版社,2016.

[13] 徐本亮. 社会组织管理精要十五讲：修订版[M].上海：上海科学院出版社,2021.

[14] 全国社会工作者职业水平考试教材编委会.全国社会工作者职业水平考试辅导教材：社会工作实务：中级[M].北京：中国社会出版社,2022.

[15] 丁开杰.西方社会排斥理论：四个基本问题[J].国外理论动态,2009(10)：36－41.

[16] BRECHIN A，LIDDIARD P. Look at it this way：new perspectives in rehabilitation[M]. London：Hodder & Stoughton，1981.

[17] TOWNSEND P. Poverty in the United Kingdom[M]. Harmondsworth：Penguin，1979.

[18] GOFFMAN E. The presentation of self in everyday life[M]. Edinburgh：Edinburgh University Press，1956.

后　记

从产生把近些年来本人在上海市嘉定区残疾人联合会项目评估中接触的案例成果展示出来的想法到《残疾人社会工作项目实践与探索》一书的出版，前前后后也有几年了。之前我迟迟未能动笔，是因为在所有实践中依旧存在着业界尚且无法定论的探究，这些探究究竟呈现怎样一幅符合新时代特征的残疾人服务画卷，具有不确定性。偶有一日，给学生上完课，我扫了一辆共享单车去区残联开会，单车的两个轮子缓缓向前，身边穿行着各种车型，突然觉得比起这些车辆，我这辆单车显得过于缓慢和传统了，还得靠人蹬。到了区残联门口，刚锁好车，我发现行驶在我前面的公交车也才刚刚进站。那一瞬间，我又有了把这些探索、感悟、实务记录汇编成一本书的想法，即使自行车再慢也终将到达，即使实践探索再具有不确定性也终是有益的尝试。

在开展残疾人社会工作的实践中，我总能听到残疾人家属的感慨："我们希望得到更加专业的帮助。"社会太大了，就像是一个肌肉发达的守护神，每个人都需要被庇佑，这就使同样姓"社"的社会工作有了用武之地。但社会工作不是无所不能的万金油，我们得承认，这个专业的视角是在其专业价值和专业能力背后。社会工作的小切口可以发掘新视角，就像这本书里对残疾人社会工作项目的分享，不是广阔的、宏观的。

任何行业都需要思考，都需要慢慢地前行。在社会工作行业工作了20多年，我深刻领悟到总结提炼和反思精神是多么宝贵。这也是我写这本书的另一层用意，以期为实务工作者、社会工作专业的学生提供一些帮助，同时也就有关理论和实践问题做一些讨论。曾有人问我，写这本书最大的困难是什么？我想说的是：给特别的案例下结论。这本书终究还是没有给这些案例下什么结论，而是从全视野的角度阐述了案例本身，对社会工作的运用做了一些评析，以表达对这个行业的思辨性和客观性的尊重。残疾人社会工作还处于起步发展阶段，我在借鉴他人研究成果和社会组织实践的基础上进行了一些探讨，欢迎读者与同行批评指正。

在本书付梓之际，我要特别感谢上海市嘉定区残疾人联合会的历任领导、科室负责人、各个项目承接组织的大力支持，还要感谢上海科学技术职业学院科研处、国际合作交流处处长彭典贵、社会工作专业教研室主任孙鸿平的指导和同事们的帮助，以及挚友姚树梅、王艳、梁玉、钱燕的鼎力支持与家人的悉心陪伴。

徐金凤